FACULTÉ DE DROIT DE PARIS

THÈSE POUR LE DOCTORAT

DE LA

PROCÉDURE PRÉPARATOIRE

ET DE LA

SITUATION DE L'INCULPÉ
EN DROIT ROMAIN

DES

DROITS ET DES GARANTIES DE L'INCULPÉ

PENDANT L'INSTRUCTION PRÉPARATOIRE.

EN DROIT FRANÇAIS
Et dans les législations étrangères

ÉTUDE DES RÉFORMES A INTRODUIRE

ET DU

PROJET DE LOI SOUMIS AUX CHAMBRES

L'ACTE PUBLIC SUR CES MATIÈRES A ÉTÉ SOUTENU

Le Vendredi, 3 Juin 1881, à midi

PAR

Émile JAMAIS

AVOCAT A LA COUR D'APPEL DE PARIS

Lauréat de la faculté de droit de Paris (deux prix), et du Concours général
de toutes les Facultés, année 1878

PRÉSIDENT : **M. DESJARDINS**, Professeur.

SUFFRAGANTS :
MM. BEUDANT,	Professeur-Doyen
GARSONNET	Professeur.
LAINÉ	
ESMEIN	Agrégés.

PARIS
A. MARESCQ, ÉDITEUR
20, RUE SOUFFLOT, 20

1881

THÈSE

POUR LE DOCTORAT

Châteauroux. — Imp. Nuns, MAJESTÉ, successeur

THÈSE POUR LE DOCTORAT

DES

DROITS ET DES GARANTIES DE L'INCULPÉ

PENDANT L'INSTRUCTION PRÉPARATOIRE

En Droit Français et dans les législations
étrangères

ÉTUDE DES RÉFORMES A INTRODUIRE

ET DU

PROJET DE LOI SOUMIS AUX CHAMBRES

PAR

Émile JAMAIS

AVOCAT A LA COUR D'APPEL DE PARIS

Lauréat de la faculté de droit de Paris (deux prix), et du Concours général
de toutes les Facultés, année 1878

PRÉSIDENT : M. DESJARDINS, Professeur.

SUFFRAGANTS : { MM. BEUDANT, — Professeur-Doyen
GARSONNET — Professeur.
LAINÉ
ESMEIN } Agrégés.

PARIS

A. MARESCQ, ÉDITEUR

20, RUE SOUFFLOT, 20

1881

MEIS ET AMICIS

INTRODUCTION

Le sujet que nous traiterons dans les deux pàr-
ties de cette thèse présente, croyons-nous, une certaine unité, et se dégage sans peine des matières
si étendues et si complexes de la justice pénale.

Il ne suffit pas à une société d'avoir un droit positif, plus ou moins conforme au droit naturel ; il
faut encore que ce droit positif soit mis en mouvement et en action. Le Code pénal constitue la justice criminelle, la procédure pénale règle l'action
de cette justice ; celui-là contient la sanction du
droit, celle-ci assure cette s antion.

Cette dernière branche de la législation présente
une haute importance et des difficultés extrêmes.
Deux intérêts, également légitimes et puissants, se
trouvent en présence : l'intérêt de la société qui a
le droit de rechercher et de punir le crime ; et l'intérêt de l'accusé qui a le droit de prouver et de défendre son innocence. Intérêt aussi général que celui de la société tout entière, car il importe à celle-
ci que la liberté et les droits de chacun de ses
membres soient efficacement garantis et protégés.

Aussi de tout temps le législateur, pour ne laisser
aucune place à l'arbitraire, a-t-il pris soin de tracer
par des règles précises les limites de ces deux in-

1

térêts contraires et le domaine de leur action.
« La formalité est si nécessaire, disait Ayrault,
» qu'on ne saurait en dévier tant soit peu, omettre
» la moindre solennité requise, que tout l'acte ne
» vienne incontinent à perdre le nom de justice,
» prendre et emprunter celui de force, voire même
» de tyrannie. Justice n'est proprement autre chose
que formalité. » (1)

Et de nos jours M. Faustin Hélie s'exprime en
ces termes : « On entrevoit déjà le but et le principe
» de la procédure criminelle : ce but est la com-
» plète manifestation de la vérité judiciaire ; ce
» principe est la protection efficace de tous les in-
» térêts, des intérêts de la société et des intérêts de
» l'accusé, à l'aide des formes dont elle s'entoure
» et des garanties qu'elle présente (2).

La procédure criminelle comprend deux phases.
Lorsqu'un homme est soupçonné par la justice, lorsqu'il est prévenu d'un délit ou accusé d'un crime, il
faut rechercher avant tout les faits et les preuves
qui démontrent son innocence ou sa culpabilité.
Son innocence est-elle manifeste après cet examen,
la liberté lui est laissée ou rendue ; ou bien, au
contraire, sa culpabilité paraît certaine ou seulement probable, et l'inculpé est renvoyé devant la
juridiction compétente pour le juger, pour prononcer son acquittement ou sa condamnation. Deux pé-

---

(1) Ayrault, *Ordre, formalité et instruction judiciaire des actions,*
liv. I, p. 2.

(2) Traité de l'Instruction criminelle, t. I.

riodes, par conséquent, dans la procédure pénale :
la période préparatoire ou l'instruction, la période
définitive ou le jugement.

La première de ces deux phases forme le seul
objet de cette étude ; et encore ne devons-nous y considérer qu'un point spécial, mais le plus important à
notre avis : les garanties, les droits, les moyens de
défense accordés à l'inculpé contre l'accusation
qui le poursuit durant l'instruction préparatoire (1).

Nous trouverons entre le droit Romain et le droit
Français des ressemblances et des diversités. Mais
signalons dès à présent une différence essentielle
dans l'exercice du droit d'accusation.

Lorsqu'on songe au moyen d'assurer la répression
d'un crime ou d'un délit commis au sein d'une
société, deux modes de poursuite se présentent à
l'esprit. Ou bien la poursuite est intentée par un
citoyen, victime ou non de l'infraction commise,
mais prétendant la connaître et connaître le coupable ; agissant seul, mais au nom de la société
tout entière. Ou bien, au contraire, la poursuite est
dirigée par un pouvoir central, représentant l'État,
ayant le privilège exclusif de mettre l'action publique en mouvement, soit d'office lorsqu'il a connaissance d'une infraction et qu'il soupçonne le coupable, soit à la requête d'un particulier qui lui fait
une dénonciation.

(1) Nous laisserons également de côté la procédure spéciale relative
au cas de flagrant délit.

C'est le dernier système, l'institution du *ministère public*, qui est en vigueur en France depuis le XVe siècle.

Rome, au contraire, n'a connu pendant longtemps que le premier, désigné sous le nom de *procédure accusatoire*.

DROIT ROMAIN

DE

LA PROCÉDURE PRÉPARATOIRE

ET DE

LA SITUATION DE L'INCULPÉ

La procédure criminelle en droit romain ne nous est guère connue, dans l'origine et pendant la première période de la République, que par les écrits des historiens et par les discours des orateurs. Mais nous pourrons, du moins, au milieu de certaines incertitudes, dégager les règles que l'usage introduisit d'abord et qui furent ensuite, à partir du VIIe siècle et sous l'empire, établies par les jurisconsultes ; et nous trouverons, dès le premier moment, chez le législateur le désir de créer entre l'accusation et la défense cette égalité de droits et de garanties sans laquelle l'une serait évidemment sacrifiée à l'autre au détriment de la justice. Ces principes devaient disparaître, semble-t-il, le jour où tous les droits de l'individu s'effacèrent devant la toute puissance et les caprices de l'empereur ; mais leur force était telle, ils étaient si chers aux romains que, jusqu'au dernier état de la législation, ils continuèrent à être proclamés en droit, quoique souvent violés en fait, et subissant d'ailleurs l'influence bienfaisante du christianisme sur le régime des prisons et sur la rigueur des peines.

Nous rechercherons successivement, dans cette étude de la procédure préparatoire, quelles personnes pouvaient se porter accusateurs, dans quel état l'accusé se trouvait placé, et quels étaient les droits respectifs de l'accusation et de la défense, les pouvoirs de la première et les garanties de la seconde. Enfin, dans un quatrième et dernier chapitre, nous tâcherons de faire ressortir l'esprit général de la législation quant aux moyens de défense accordés à l'accusé, en insistant sur les institutions qui, sans entrer dans la matière des précédents chapitres, se rattachent néanmoins à cet ensemble de garanties dont la défense fut entourée jusqu'au dernier jour.

CHAPITRE PREMIER

DE L'ACCUSATEUR.

§ 1. — *Du droit d'accusation sous la République.*

A Rome l'accusation était publique, c'est-à-dire que tout citoyen avait le droit, sauf les restrictions que nous allons indiquer, de demander la poursuite et la répression d'un délit ou d'un crime.

Mais, à l'origine, ce droit n'était pas aussi absolu qu'on pourrait le croire. La demande devait être préalablement soumise à certains magistrats. Ceux-ci l'examinaient et la portaient devant la juridiction compétente. Ils étaient donc, à vrai dire, les seuls accusateurs ; c'est de leur volonté que dépendait l'accusation. Ces fonctions d'accusateur furent d'abord confiées à deux *quæstores parricidii*, plus tard aux *triumviri capitales*, et enfin aux édiles et aux tribuns.

Tel fut le droit originaire. Dans les derniers temps de la république, ces entraves avaient disparu ; tout citoyen pouvait se porter directement accusateur et saisir lui-même les tribunaux criminels. (1) L'accusation devint alors une véritable mission publique et politique : et bien souvent, à

(1) Val. Max. VI, 1, 10

cause du retentissement et de la faveur qui l'entou-
raient, elle fut un moyen de se distinguer de la
foule, de parvenir à la popularité et aux honneurs. (1). L'accusation était le début, « *adolescebat
interea.* »

Cependant cette liberté ne tarda pas à paraître
dangereuse, et il fallut recourir à des garanties.

Certaines personnes furent frappées de l'incapacité absolue d'accuser : les femmes, les mineurs,
les militaires, les personnes notées d'infamie ou
suspectes de calomnie, et celles qui ne justifiaient
pas d'un certain cens (2), qui avaient porté un faux
témoignage ou s'étaient désisté à prix d'argent
d'une accusation précédente. (3)

On comprend que les mineurs de 17 ans ne
pussent pas se porter accusateurs ; car, jusqu'à
cet âge, ils ne pouvaient pas ester en justice. De
plus, jusqu'à 25 ans, il leur fut interdit d'intenter
une accusation d'adultère d'après la loi *Julia de-
adulteriis.* Il est à peu près certain que leur incapacité de 17 à 25 ans fut limitée à cette seule catégorie de crimes. Telle est l'opinion de Wissembach
et de Pothier ; et nous voyons à l'appui de cette
opinion, dans la loi 14 § 1 et § 2 Dig. de *bonis liberto-
rum* qu'une accusation est intentée par un mineur

(1) Tac. de or. 34 ; — Quint. XII, 6.
(2) Cette disposition a inspiré un vers de Juvénal :
  Quantum quisque sua morum servat in arca,
  Tantum habet et fidei.
(3) L. 8 Dig. de accus.

de 25 ans : « *Si vero accusaverit minor, dicendum
» est hunc non excludi, sive ipse, sive tutor
» ejus vel curator accusaverit.* » De même Valère
Maxime nous apprend que Cotta accusa Carbon le
jour même où il prit la robe virile.

Néanmoins, si le délit leur avait nui à elles-mêmes
ou à quelqu'un de leur famille, ces personnes soumises à une incapacité générale conservaient le
droit d'accusation : « *Hi tamen omnes, si sui sua-
» rumque injuriam exsequantur, ab accusatione non
» excluduntur.* » (1) Si la victime du délit était un
mineur, c'est le tuteur qui intentait l'accusation.
Mais sa personnalité était en dehors du débat ; ce
qui le prouve, c'est que, en cas d'acquittement de
l'accusé, le tuteur ne pouvait pas être poursuivi
pour calomnie, pourvu qu'il démontrât qu'il avait
agi dans l'intérêt du pupille.

D'autres personnes étaient frappées d'une incapacité relative. En principe, et sauf les exceptions
mentionnées dans la loi 11 § 1, Dig. de accus., les
enfants ne pouvaient pas accuser leurs parents, ni
les affranchis leurs patrons. Ils n'avaient le droit
d'agir contre eux que par la voie d'une action civile ;
et encore devaient-ils, avant de poursuivre, obtenir
l'autorisation préalable du magistrat, afin de ne pas
tomber sous le coup de l'édit du préteur : « *Pæna-
» les autem actiones bene multas ex sua juridictione
» introduxit prætor... reluti in eum qui patronum*

____

(1) L. 11 pr. Dig. de accus.

« *vel parentem in jus vocasset, cum id non impetras-*
« *set.* » (1)

De même, les magistrats étaient privés du droit
d'accusation aussi longtemps qu'ils remplissaient
leurs fonctions. Les textes en donnent pour motif
que, ne pouvant pas être cités en justice pendant la
durée de leur charge, l'accusé n'aurait pas eu de
recours contre eux dans le cas où l'accusation aurait été jugée calomnieuse : « *propter magistratum*
« *potestatem re in qua agentes sine fraude in jus*
« *vocari possunt.* »

Notons encore qu'une personne ne pouvait intenter en même temps deux actions pénales (2) ; et
qu'un accusé ne pouvait porter contre un citoyen
qu'une accusation plus grave que celle dont il était
lui-même frappé (3)

Enfin, ne pouvaient être accusés, tant que du-
rait leur mission, les magistrats qui se trouvaient
absents pour le service de la République. « *Hos*
« *accusare non licet, præsidem provinciæ,... item*
« *magistratum populi romani eumre qui reipublicæ*
« *causd abfuerit.* » (4) « *Neque enim æquum visum*
« *est absentem reipublicæ causd inter reos referri*
« *dum reipublicæ operatur.* » (5)

<hr>

(1) Inst. Inst,. liv. IV, tit. 6, § 12 ; — L. 11 § 1 Dig. de accus. ;
(2) L. 8 § 1. eod. tit. ; L. 13. 18, 21 C. qui accus. ;
(3) L. 5 C. ad leg. Corn. de fals.
(4) L. 21. C. De his qui accus ;
(5) L. 13 § 1 Dig. ad. leg. Julia de ad.

§ 2. — *Du droit d'accusation sous l'Empire.*

Telle fut l'accusation sous la République : une magistrature confiée à la vigilance des citoyens. Mais une pareille institution ne pouvait pas durer. Elle avait pu exister au commencement de Rome, alors que les citoyens étaient encore très peu nombreux, alors qu'ils vivaient dans un contact presque permanent, passant leur vie sur la place publique ou dans les camps, et pouvant exercer les uns sur les autres une surveillance que la pureté primitive de leurs mœurs rendait facile et impérieuse.

Mais peu à peu les frontières s'étendirent, le nombre des citoyens s'accrut, le lien de cohésion et de solidarité se relâcha, la corruption se répandit ; et toutes ces causes entraînèrent le relâchement de cette vigilance que chacun apportait jadis à assurer la sécurité de tous. Il y eut beaucoup de crimes, dont les particuliers ne voulaient pas intenter la poursuite. Au temps de Cicéron déjà, ce désintéressement absolu de l'État dans les poursuites criminelles avait fait sentir ses inconvénients. L'orateur, dans un de ses discours, cherche à exciter le zèle des accusateurs : « *accusatores multos esse inciritate » utile est, ut metu contineatur audacia.* » (1) Sans doute, le rôle d'accusateur était toujours honoré. Mais assurer l'énorme fardeau d'une accusation, lorsqu'on n'avait pas un intérêt personnel à la répression du crime ; se charger d'une longue et pénible

(1) *Pro Roscio,* 20.

instruction, et s'exposer peut-être aux suites oné-
reuses d'une grave responsabilité, combien de gens
étaient capables d'un pareil dévouement à l'intérêt
public? On pouvait comprendre ce zèle à l'égard des
affaires politiques qui illustraient parfois les accusateurs, et les faisaient parvenir aux honneurs et à la
fortune ; mais l'accusation ne devait-elle pas être
désertée, quand elle poursuivait, sans gloire ni profit, un vulgaire criminel?

L'accusateur n'écoutait le plus souvent que son
intérêt personnel, et même il l'écoutait un peu trop.
L'accusation, abandonnée à tous, dirigée par l'accusateur lui-même chargé de faire l'instruction,
devint une arme terrible, dont se servirent bien des
fois les haines de partis, et les vengeances privées.

Avec le règne des empereurs qui faisaient de la
justice un instrument de leur cruauté, elle se trans-
forma en une effroyable délation ; elle ne fut plus
qu'un moyen de satisfaire d'ardentes convoitises
et de basses vengeances. On commença par laisser
les délateurs impunis, on finit par les récompenser:
» *et quo quis distinctior accusator, eo magis honores*
» *assequebatur ac veluti sacrosanctus erat.* » (1)

« On vit paraître, dit Montesquieu, un genre
» d'hommes funestes, une troupe de délateurs ;
» quiconque avait bien des talents, une âme basse
» et un esprit ambitieux, cherchait un criminel dont
» la condamnation pût plaire au prince ; c'était la

_____

(1) Tacite *ann.* III, 6 ; VI, 4.

» voie pour aller aux honneurs et à la fortune. (1) »

Tacite nous retrace, dans son admirable langage, le tableau du désordre effroyable que la délation produisit dans Rome. Il nous montre les récompenses accordées aux délateurs, les missions secrètes données par l'Empereur, la désignation des victimes, et l'épouvante que ces accusations, nées de la cupidité et de la haine, jetaient dans les âmes. « *Delatores, genus hominum publico exitio repertum pro præmia eliciebantur.* » (2)

Mais sous les Antonins, les Trajans, les Titus, quand la justice revint, les délateurs furent punis. Ce qui a valu à Titus son surnom glorieux de délices du genre humain, c'est le châtiment des misérables qui s'étaient faits les serviteurs de la cruauté et des folies de Néron. (3)

On s'efforça de prévenir le retour de pareils forfaits en prenant contre les délateurs des mesures très sévères : « *Inter adcersa temporum,* nous dit » Suétone dans la vie de Titus, *et delatores manda-* » *toresque erant ex licentia veteri. Hos assidue in* » *foro flagellis ac fustibus cæsos, ac novissimè* » *traductos per amphiteatri arenam, partim sub-* » *jecti in servos, ac venire imperavit, partim in* » *asperrima insularum archi* »

Le souvenir des délations était tellement odieux qu'on alla jusqu'à prescrire que l'accusateur pour-

<hr>

(1) *Esprit des lois,* VI, 8.
(2) *Annal.* lib. IV. 30.
(3) Plin. *Paneg.* 35.

rait être l'objet des mêmes mesures de précaution
que l'accusé, et que l'un et l'autre seraient détenus
jusqu'au jour du jugement. « *Quisquis ille est, qui*
» *crimen intendit, in judicium veniat, nomen rei in-*
» *dicet, vinculum inscriptionis arripiat, custodiæ*
» *similitudinem, habita tamen dignitatis æstimatione,*
» *patiatur.* » (1)

Ces restrictions au droit d'accusation, jointes au
discrédit dans lequel était tombé l'exercice de ce
droit, eurent pour résultat d'écarter complètement
les accusateurs. Personne ne se présenta. Il fallut
nommer des accusateurs d'office, et menacer de
la peine de mort ceux qui refuseraient d'en remplir les fonctions (2).

Les citoyens ayant renoncé au droit d'accusation,
la société dut chercher à se défendre elle-même.
Déjà, sous la République, dans certains cas extraordinaires et sur l'ordre du peuple ou du Sénat, on
employait parfois la procédure d'enquête contre
ceux qui avaient pris part à un crime dénoncé aux
autorités (3). A la fin de l'Empire, cette exception
devint la règle. L'usage existait déjà au temps de
Paul (4). Ulpien reconnaît aux gouverneurs de province la mission d'arrêter et de punir d'office les
gens dangereux : « *Congruit bono et graci præsidi*
» *curare ut pacata atque quieta provincia sit, quam*

(1) L. 11 Code, *de accusat.*
(2) Tac. *Vie d'agr.* 4 — Pline VI, 31 ; Tacite *ann.* 13, 21.
(3) Liv. VIII, 18.
(4) L. 22 *Dig. de quæst.*

» *regit, quod non difficile obtinebit si sollicite agat,*
» *ut malis hominibus provincia careat, eosque con-*
» *quirat : nam et sacrilegos, latrones, plagiarios,*
» *fures conquirere debet, et prout quisque deliquere,*
» *in eum animadvertere receptoresque eorum coer-*
» *cere, sine quibus latro diutius latere non po-*
» *test.* » (1)

Peu à peu le droit d'accusation remonta complètement des mains des citoyens dans celles de
l'autorité publique. La plainte des particuliers rem-
plaça l'accusation. On trouvait plus commode de
dénoncer les délits aux magistrats, qui faisaient les
enquêtes, arrêtaient et jugeaient les coupables. Une
constitution de l'empereur Gordien constate l'exis-
tence de la nouvelle procédure, la poursuite d'office
exercée par les magistrats : « *ea quidem, qui per of-*
» *ficium præsidis denuntiantur et citra solennia ac-*
» *cusationum posse perpendi incognitum non est.* » (2)
Et de même nous lisons au code, au titre *de custodia*
reorum : « *In quacumque causa reo exhibito, sive*
» *accusator existat, sive eum publicæ sollicitudines*
» *cura produxerit, statim debet quæstio fieri, ut*
» *noxius puniatur, innocens absolvatur.* »

Dans le dernier état du droit, l'ancienne accusation publique n'est plus qu'un souvenir. Le magistrat, secondé dans son action par les nombreux officiers de police qui couvrent alors l'Empire, les *cu-*

(1) L. 13, *de off. præs.*
(2) L. 1. C. *de accus. de inscript.*

riosi, les *stationarii* (1), et à degré inférieur par les
irénarques, espèce de gardiens de la paix, poursuit
seul les crimes et les délits dont il a connaissance.
Sans doute on voit bien, dans certains cas exceptionnellement graves, l'empereur ou le sénat désigner un accusateur ; mais cela n'a lieu qu'acciden-
tellement, et, comme le dit Ayrault, dans la plupart
des affaires « la commune renommée ou la clameur
» populaire était tenue pour demanderesse et accu-
» satrice. (2)

(1) V. au cod les titres de *agentibus in rebus* et de *curiosis* et *sta-
tionariis.*
(2) *Inst. jud.* liv. II p. 113.

CHAPITRE II.

DE L'ACCUSÉ.

§ I. — *De la liberté provisoire sous la République.*

Dès le premier jour, la législation romaine se
montra très bienveillante pour l'accusé et posa les
véritables principes de la matière.

L'accusé n'était retenu prisonnier que s'il avouait
son crime ou s'il avait été pris en cas de flagrant
délit. « *Si confessus fuerit reus, donec de eo pro-*
» nuncietur in vincula publica conjiciendus est » (1).
En dehors de ces cas, c'est-à-dire toutes les fois
que sa condamnation ne paraissait pas certaine, il
était laissé en liberté, à la charge de fournir caution. « Si cependant, disait la loi des XII tables, il
» se présente quelqu'un qui réponde pour lui, ren-
» voyez l'accusé, laissez-le libre, *mittito ;* qu'un
» homme riche soit la caution d'un homme riche,
» mais tout homme pauvre peut être la caution
» d'un citoyen pauvre. » La pensée manifeste du
législateur était d'étendre autant que possible le bénéfice de la liberté provisoire ; il voulait que chaque
accusé pût trouver une caution.

La liberté sous caution n'était pas une faveur,
mais un droit ; on l'accordait sans tenir compte de

(1) L. 3, *Dig. de cust. reor.*

2

la gravité du crime et alors même qu'il s'agissait d'une accusation capitale.

Il n'y avait d'exception à cette règle que pour le crime contre la sûreté de l'État. Et même dans ce cas, l'accusé n'était pas mis en prison ; on se contentait de le retenir, sans chaînes ni entraves, dans la maison d'un magistrat. Salluste rapporte qu'après la découverte de la conjuration de Catilina, le Sénat ordonna que les conjurés fussent confiés jusqu'au jour de leur jugement aux magistrats et aux sénateurs nommés par lui (1). Cette sorte de détention provisoire était la mesure la plus sévère que l'on osât employer contre un citoyen accusé. On l'appelait *custodia libera*.

Le magistrat ne prenait des mesures pour s'assurer de sa personne que si l'accusé ne voulait ou ne pouvait pas fournir caution. Mais, grâce à la disposition si bienveillante de la loi des XII tables, et comme l'engagement personnel d'un citoyen suffisait, même d'un citoyen pauvre, l'accusé était presque toujours assuré de trouver un répondant.

Si l'accusé ne comparaissait pas quand sa présence était nécessaire, ou ne présentait pas d'excuses valables, on l'arrêtait et on le jetait en prison. Lorsqu'on ne parvenait pas à le saisir, on confisquait ses biens, et on lui interdisait l'eau et le feu (2). Mais ces mesures n'étaient prises qu'autant qu'il cherchait à se cacher. On lui reconnaissait le

(1) Sall. Liv. XXIV, 45.
(2) Liv. XXV, 4 ; — Cic. pro domo, 29 et 30.

droit d'abandonner librement la cité : l'exil volontaire arrêtait la procédure ; les comices ne faisaient
que le sanctionner.

Sorti de la procédure civile, né dans Rome avant
le départ des décemvirs envoyés à Athènes pour en
rapporter les lois, cet usage de la liberté provisoire
sous caution se développa rapidement en dehors de
toute influence étrangère ; il parut un contre-poids
nécessaire de la liberté absolue d'accusation et
une précieuse garantie contre les abus des magistrats. Nous voyons dans le procès d'Appius combien
les Romains avaient horreur de la prison, qui leur
rappelait le souvenir odieux des Tarquins (1).

Depuis la loi des XII Tables, la liberté provisoire
sous caution fut toujours respectée. Les auteurs
nous en donnent de nombreux exemples (2). Le
théâtre lui-même nous offre les traces de cette législation ; un vers du Persan dans Plaute définit avec
la plus grande clarté le moyen d'échapper à la prison. Deux personnages se querellent. « Puisses-tu
» aller au gibet ! » dit l'un deux. Et l'autre réplique :
« Puisses-tu manquer de caution afin d'être incar-
» céré, *rades desint, ut in carcere sis !* (3) »

Comment expliquer que ce principe de la liberté
provisoire sous caution, que les législations modernes s'efforcent de réaliser autant que le per-

(1) Liv. III. cap. 13, 54, 57.
(2) Liv. XXV, cap. 4 ; Cic. de Rep. lib. II. 56 ; — Sall. Catil.
cap. 30.
(3) Plaute, *Persan*, act. II, sc 4, vers, 13.

mettent les nécessités de l'instruction préparatoire, ait été appliqué à Rome, dès le premier état du droit, avec un caractère et une étendue qu'il ne serait peut-être pas possible aujourd'hui de lui donner ? Faut-il n'y voir que le respect du législateur pour la liberté individuelle ? Il y a d'autres causes plus profondes.

La détention préventive a pour but de prévenir la fuite de l'inculpé. Or à Rome, sous la République, cette fuite n'était pas à craindre ; l'accusé était retenu dans sa patrie par un lien d'une grande puissance, par ses croyances religieuses. Que pouvait-il faire ? Affronter l'exil pour se soustraire à l'accusation ? Mais l'exil était pour lui la plus terrible des peines ! « Le sol de la patrie, dit M. Fustel de Coulanges, était véritablement sacré pour l'homme, car il était habité par ses dieux. État, Cité, Patrie, ces mots n'étaient pas une abstraction, comme chez les modernes ; ils représentaient réellement tout un ensemble de divinités locales avec un culte de chaque jour et des croyances puissantes sur l'âme..... Tout ce que l'homme pouvait avoir de plus cher se confondait avec la patrie. En elle se trouvait son bien, sa sécurité, son droit, sa foi, son Dieu. En la perdant, il perdait tout..... Une telle patrie n'est pas seulement pour l'homme un domicile. Qu'il quitte ces saintes murailles, qu'il franchisse les limites sacrées du territoire, et il ne trouve plus pour lui ni religion ni lien social d'aucune espèce. Partout ailleurs que dans sa patrie il est en dehors de la vie régulière et du droit ; partout ailleurs il est sans Dieu et en dehors de la vie morale. Là seulement il a sa dignité d'homme. Et M. Fustel de Coulanges, déduisant les conséquences de cette idée de la patrie, ajoute : « Il fallait que la possession de la patrie fût bien précieuse ; car les anciens n'imaginaient guère de châtiment plus cruel que d'en priver l'homme. La punition des crimes était l'exil. L'exil était proprement l'interdiction du culte. Exiler un homme, c'était, suivant la formule également usitée chez les Grecs et chez les Romains, lui interdire l'eau et le feu (1). »

L'exil mettait l'homme en dehors de sa religion ; et, comme la religion était la source d'où découlaient tous les droits civils et politiques, l'exilé perdait tout cela en perdant la religion de la patrie. Nous trouvons dans Horace un exemple frappant de cette idée. Régulus, prisonnier de l'ennemi, est assimilé à un exilé par la loi romaine ; si le Sénat lui demande son avis, il le refuse, parce que l'exilé n'est plus sénateur ; si sa femme et ses enfants accourent pour l'embrasser, il les repousse, parce que l'exilé n'a plus ni épouse ni enfants :

> » *Fertur pudicæ conjugis osculum,*
> » *Parvosque natos, ut capitis minor,*
> » *A se removisse (2).* »

On comprend donc sans peine que la législation romaine, dans son premier état, ait permis au cou-

(1) Cité antique, p. 225 et suiv.
(2) Horace, Odes, III.

pable d'échapper à la peine par la fuite. L'exil semblait un supplice aussi terrible que la mort ; les jurisconsultes romains l'appelaient une peine capitale.

Ajoutons d'ailleurs que, si les Romains semblent
avoir parfaitement admis comme un droit pour
l'accusé de se soustraire à l'accusation par l'exil,
c'est que les lois criminelles n'avaient alors qu'un
seul but, la conservation de l'État et des particuliers. Le principe de la solidarité entre les États au
point de vue de la répression ne pouvait exister
chez un peuple qui considérait comme des ennemis
(*hostes*) tous ceux qui n'étaient pas ses alliés. La
société romaine se déclarait satisfaite pourvu qu'elle
fût débarrassée du malfaiteur et mise à l'abri de
ses attaques.

N'y a-t-il pas enfin une dernière cause à cette
faculté presque illimitée de la liberté provisoire ?
Les législations qui ont institué le ministère public,
l'accusation mise en mouvement, poursuivie et
soutenue par un représentant de l'É , ont été ame-
nées à sacrifier dans une certaine mesure à l'intérêt
général l'intérêt privé de l'inculpé. Nous montre-
rons que c'est une injustice et un danger considérable. Mais il semble, au contraire, que la liberté
provisoire ait presque toujours accompagné la procédure accusatoire ; elle a paru être la seule garantie de l'égalité devant la loi. Si l'on envisage une
procédure criminelle comme une lutte entre deux
particuliers, on est conduit naturellement à introduire la plupart des règles usitées pour les instances

civiles. Mettre l'accusé en état de détention préventive, tandis que l'accusateur conserve toute liberté
d'agir, c'est rompre l'équilibre de leur action réciproque et blesser la justice, c'est favoriser la partie
qui poursuit et désarmer à son profit celle qui court
le plus grand danger, et qui dès lors mérite les plus
sérieuses garanties.

§ 2. — *De la liberté provisoire sous l'Empire.*

Telles étaient, dans la législation romaine, les
raisons d'accorder à l'accusé le droit à la liberté
provisoire sous caution. Mais ces raisons devaient
disparaître tour à tour.

Sous l'Empire, lorsque le principe de la liberté
individuelle fut moins respecté, lorsque les croyances
religieuses s'effacèrent, lorsque l'idée de la patrie
devint moins puissante, et celle de l'exil moins
odieuse, la détention préventive s'introduisit peu à
peu dans la procédure criminelle. De plus, comme
nous l'avons vu à propos du droit d'accusation, la
procédure d'enquête remplaçait dans un grand
nombre de cas l'accusation publique ; il fallait par
conséquent que l'inculpé fût placé sous la main
du magistrat ; et, celui-ci étant considéré comme
plus impartial qu'un particulier accusateur, il était
moins nécessaire de laisser à l'accusé une liberté
complète de contrôler les actes de l'instruction.

Ulpien, qui vivait sous Héliogabale et Alexandre
Sévère, vers 230 après J.-C., nous indique avec une
grande précision la législation de son temps : « *De*

» *custodia rerum proconsul existimare solet utrum*
» *in carcerem recipienda sit persona, an militi tra-*
» *denda, vel etiam sibi* (1). »

Ainsi l'accusé pouvait être mis en prison, confié
à un soldat ou à une caution, ou laissé libre sur parole. Nous connaissons déjà l'emprisonnement
préalable et la liberté provisoire sous caution
comme moyen d'empêcher la fuite de l'accusé
entre l'accusation et le jugement. Le texte d'Ulpien nous montre deux modes nouveaux de sûre-
té : la garde du soldat ou *custodia militaris* et la caution personnelle.

La *custodia militaris* est la surveillance de l'accusé confiée à un ou à plusieurs soldats. Ceux-ci
ne gardaient pas tous les accusés avec la même
précaution ; tantôt ils habitaient sa maison, tantôt
ils demeuraient avec lui dans un lieu désigné, tantôt enfin ils se contentaient de le suivre et de le
garder à vue. Le Digeste, au titre *de custodia reo-*
rum, nous fournit quelques détails sur ce point : la
garde doit être confiée à deux soldats au moins ;
on choisit les plus anciens et ils sont responsables
de la personne du prisonnier.

La *custodia militaris* était surtout employée
contre les personnes suspectes qui, par suite de leur
rang ou de leur fortune, ne pouvaient pas être mises
dans les fers, comme les sénateurs et les dignitaires
de l'Empire. La rigueur de la *custodia* était plus ou
moins grande suivant les cas et suivant les personnes.

(1) L. 1 Dig. *De cust. reor.* ;—Ulpien, lib. II, *De off. procons.*

Quand l'accusé était laissé libre sur parole, il devait promettre et fournir caution de se représenter au jour fixé. S'il manquait à son serment, la caution était condamnée à une amende, et même punie d'une peine arbitraire lorsqu'elle était convaincue d'avoir favorisé la fuite de l'accusé (1).

Le magistrat appréciait la mesure qui devait être prise. Il appliquait tantôt la *custodia*, tantôt la mise aux fers, tantôt la mise en liberté provisoire, suivant la gravité de l'accusation, suivant la fortune, la réputation, la dignité de l'accusé : « *Hoc autem* » *vel pro criminis quod objicitur qualitate, vel prop-* » *ter honorem, aut propter amplissimas facultatess* » *vel pro innocentia personæ, vel pro dignitate eju,* » *qui accusatur, facere solet* (2). »

Toutefois il ne pouvait faire mettre l'accusé en prison que dans le cas d'un crime grave. Un rescrit d'Antonin portait : « *Non esse in vincula conjicien-* » *dum eum qui fidejussores dare paratus est : nisi si* » *tam grave scelus admisisse eum constet, ut neque* » *fidejussoribus, neque militibus committi debeat,* » *verum hanc ipsam carceris pœnam ante supplicium* » *sustinere* (3). » Il fallait en outre qu'il y eût des indices graves de culpabilité : « *Nullus in car-* » *cerem priusquam convincatur, omnino vincia-* » *tur* (4). »

(1) L. 4. *Dig. Ulp. De cust. reor.*
(2) L. 1. *Dig. eod. tit.*
(3) L. 3. *Dig. De cust. reor.*
(4) L. 2. *Code, 9, 3, De exhib. reis.*

L'accusé ne manquait d'aucune des garanties auxquelles il a droit. En principe, il ne pouvait être arrêté qu'en vertu d'un mandat d'arrêt émané d'un magistrat supérieur ou du défenseur de la ville : « *Neminem oportet injici custodiæ absque jussione* » *magnorum magistratuum aut locorum defenso-* » *rum* (1). » C'est seulement dans le cas d'un crime manifeste et grave que les autorités du lieu pouvaient sans mandat d'arrestation retenir le malfaiteur qu'on leur avait amené : « *Latro manifestus,* » *vel seditio prærupta, factioque cruenta, vel alia* » *justa causa, moram non recipiant, non pænæ fes-* » *tinatione, sed præveniendi periculi causâ* (2). » Mais alors l'inculpé devait être renvoyé immédiatement devant le gouverneur avec les officiers qui avaient été témoins du crime et avec leurs rapports. Cet interrogatoire était public ; le magistrat ne pouvait y procéder sans être assisté de quelques notables de la ville, et l'accusé pouvait prendre des défenseurs (3). L'interrogatoire avait lieu sur le champ : « *Feriatis diebus custodias audiri posse res-* » *criptum est, ita ut innoxios dimittat, et nocentes* » *qui duriorem animad versionem indigent, diffe-* » *rat.* »

Cette procédure n'était que préliminaire ; la véritable instruction ne se faisait que devant le magistrat compétent. Le juge pouvait s'en rapporter au

(1) L. 6 C. lib. IX. *De cust. reor.*
(2) L. 6 Dig. *De cust. rex.*
(3) L. 2 C. Théod. *De cust. reor.*

procès-verbal que lui transmettait l'irénarque, espèce de commissaire de police, ou bien le mander
auprès de lui pour entendre sa déposition. Du reste,
l'instruction n'était complète que quand le juge
avait entendu le prévenu (1).

L'instruction devait être achevée en un mois :
« *Ili quos custodia delatæ criminationis includit,*
» *intra unius mensis spatium audiantur, inquisi-*
» *tione completa; ne si delati criminis causam se-*
» *gnius judicantis ignaria distulerit, reciprocos*
» *pænæ fortiatim incursus* (2). »

Si l'accusé n'avait pas trouvé de caution, il ne
devait pas rester plus d'une année en prison :
« *Detur reus sub fidejussione, vel si non reperiat*
» *fidejussores, vel si non reperiat fidejussores, ma-*
» *neat quidem in carcere : causa autem intra annum*
» *terminetur* (3). »

Plusieurs textes nous disent que l'inculpé, même
durant la procédure préparatoire, était immédiatement frappé de certaines incapacités. Il conservait
ses droits de cité, et ses fonctions s'il était magistrat ; mais il ne pouvait pas prétendre, avant d'avoir
purgé l'accusation, à de nouveaux titres ni à de
nouvelles dignités (4). Toutefois il sortait de cette
déchéance lorsqu'une année s'était écoulée depuis
le commencement de la poursuite (5).

(1) L. 7, C. Theod. *De accus.*
(2) Code Theod. *De accus.* 1, 7 et 18.
(3) L. 6 Code. *De cust. reor.*
(4) L. 17, § 12. *Dig. ad municipalem.*
(5) L. 7. *Dig. De muneribus.*

C'est sous l'influence des mêmes idées de bien-
veillance et de justice, dues surtout à l'avènement
du christianisme, que le régime des prisons s'adou-
cit. Sous les empereurs païens les prisons étaient
des lieux de torture. Mais avec les Antonins une
réaction se produisit contre les excès commis. Le
Code Théodosien et le Code de Justinien renferment
les prescriptions les plus charitables. « En partant
du principe que la détention ne devait pas être une
peine et encore moins un supplice, on restreignit
l'emploi de la question, dont l'usage diminua
chaque jour, on supprima les chaînes et les me-
nottes, on établit des prisons séparées pour chaque
sexe, on y fit pénétrer la lumière, et, comme garantie de l'exécution de ces réformes, on ordonna que
les juges visiteraient chaque dimanche les détenus,
les interrogeraient et recevraient leurs plaintes. Les
évêques eurent le droit de pénétrer auprès d'eux ;
et, plus tard, Justin régla leur intervention en leur
prescrivant de visiter les prisonniers toutes les semaines et de révéler au prince les retards, les négli-
gences et les infractions à la loi, quelle que fût leur
nature. Le droit de contrôle sur les procédures fut
confirmé par le Code de Justinien, et les causes de
l'emprisonnement particulièrement signalées à l'at-
tention des évêques. Les geôliers devaient en outre
présenter tous les mois aux magistrats un état contenant le genre d'accusation qui pesait sur eux, leur
condition et leur âge (1). »

(1) Picot, *Étude sur la liberté provisoire.*

On s'efforça de réduire la durée de la détention préventive. Pour les esclaves, elle ne doit pas dépasser vingt jours ; passé ce délai, ils sont remis à leurs maîtres ou vendus s'ils n'ont pas de maître. Les hommes libres poursuivis pour sédition sont jugés immédiatement s'ils n'ont pas, faute de caution, obtenu la liberté provisoire ; s'il s'agit d'un crime capital, ils sont jugés dans les trente jours.

Les femmes, de même que les personnes illustres, étaient exemptées de la détention préventive. Une nouvelle publiée en 530 s'exprimait en ces termes : « *Nullam mulierem pro crimine quoli-* » *bet modo in carcerem aut includi aut custodiri con-* » *cedimus. Sed si gravissimum sit de quo accusatur,* » *in monasterium vel asceterium custodiatur* (1) ». Ainsi, toute arrestation était interdite à l'égard des femmes avant le jugement. Quand une mesure de sûreté paraissait nécessaire, on exigeait d'elles une caution ; si elles affirmaient par serment qu'elles n'en pouvaient trouver, on se contentait d'une caution juratoire ; mais s'il fallait prévenir la fuite, on avait le droit de les envoyer dans des monastères ou de les confier à des femmes qui devaient les garder librement et publiquement. Mais elles ne pouvaient jamais être jetées en prison, ni gardées par des hommes. L'exécution de cette loi était sanctionnée par une amende de 20 livres d'or, infligée au juge qui négligeait de s'y conformer.

(1) Nov. 134, cap. 9.

CHAPITRE III.

DU ROLE DE L'ACCUSATEUR ET DE L'ACCUSÉ DANS LA PROCÉDURE PRÉPARATOIRE.

Nous avons parlé isolément de l'accusateur et de l'accusé, et montré quels étaient leurs droits et leurs pouvoirs repectifs.

Il nous reste à les placer en présence l'un de l'autre, à les mettre aux prises durant la période de la procédure préparatoire. Pour cela, il importe de donner avant tout quelques notions rapides sur la juridiction criminelle aux diverses époques de la législation romaine.

§ 1. — *Aperçu sur la juridiction criminelle aux diverses époques de la législation romaine.*

La première juridiction criminelle paraît avoir été le roi; c'est à lui qu'appartenait le pouvoir de juger, comme tous les autres pouvoirs publics : « *Initio civitatis nostræ, dit Pomponius, populus* » *sine lege certd, sine jure certo primum agere ins-* » *tituit : omnia manu a regibus gubernaban-* » *tur.* »

Mais comment le roi exerce-t-il cette puissance judiciaire ? Tantôt il la délègue à des décemvirs ou questeurs, tantôt il juge seul, tantôt au contraire il s'entoure de l'assistance d'un conseil. Il est permis de croire, à raison de l'autorité absolue que le roi tenait de sa qualité de grand prêtre de la religion de la cité, que son pouvoir judiciaire était sans règles ni limites, et qu'il l'exerçait comme il lui semblait bon. La délégation s'explique par l'impossibilité où se trouvait le roi de connaître par lui-même de toutes les affaires. La connaissance des délits les moins graves était confiée à une commission de sénateurs (1).

Le roi usait aussi, le plus souvent, de la délégation, lorsqu'il craignait, à cause du rang et de la popularité du coupable, de mécontenter le peuple par une condamnation. Ainsi Tullius refusa de juger Horace coupable du meurtre de sa sœur et le renvoya à des décemvirs : « *Rex, ne ipse tam tristis ingratique ad* » *vulgus judicii, aut secundum judicium, suplicii* » *assector esset, concilio populi convocato, duum-* » *viros, inquit, qui Horatio perduellionem judicent,* *secundum legem facio* (2). »

Ce qui, du moins, paraît-être certain, c'est que le roi jugeait seul quand l'accusé était étranger. Tite Live nous en donne pour raison qu'il était inutile de faire intervenir la cité pour juger un coupable qui n'était pas citoyen (3).

(1) L. 2, § 1. et § 11 *Dig. de orig. juris* ; — Tit. Liv. lib. I, 28 ; — *Cic. de Rep.* V, 2 — *Fustel de Coulanges, Cité antique*, p. 205 et suiv.

(2) Tit. Liv. I, 49.

(3) Tit. Liv. I, 25.

Ce qui est certain aussi, c'est que l'usage d'un conseil, au moins pour les affaires capitales, s'introduisit de bonne heure et se développa rapidement. Tite Live reproche à Tarquin d'y avoir dérogé : « *Hic enim regum rimus traditum a prioribus* » *morem de omnibus senatum consulendi solvit.* » *Eo accedebat, ut in caritate civium nihil spei* » *reponenti metu regnum tutandum esset : quem ut* » *pluribus incuteret, cognitiones capitalium rerum* » *consiliis per se solus exarcebat, perque eam causam* »' *occidere, in exsilium agere, bonis mulctare poterat* » *non suspectos modo aut invitos, sed undè nihil* » *aliud quad pœdam sperare poterat* (1). »

Après la chute des rois, le pouvoir judiciaire passa aux deux consuls : « *Consules constitui* » *sunt penes quos summum jus, uti esset, lege* » *rogatum est* (2). »

Mais ce pouvoir, dont les consuls usèrent avec une grande violence, fut restreint par la loi Valéria votée en l'an 245. Cette loi permit l'appel au peuple de toutes les sentences capitales rendues par les consuls. Dès lors, comme le remarque M. Laboulaye, « le magistrat aima mieux porter directement l'affaire au peuple et se constituer accusateur que de prendre sur lui l'ordre d'une accusation capitale, qui sans effet à l'égard du condamné ne pouvait que rendre suspect au peuple un consul qui semblait se défier de la justice et de la souveraineté des comices. Le peuple devint le seul pou-

(2) L. 2, § 16, *Dig. de orig. juris.*

voir dans les affaires capitales et devint le dernier ressort dans les condamnations pécuniaires (1). »

Mais le plus souvent, lorsqu'il s'agissait d'un crime privé ou d'un accusé obscur, le peuple ne jugeait pas lui-même ; il en confiait la mission à des commissaires qu'il nommait directement ou que le Sénat était chargé de nommer.

A mesure que Rome reculait ses limites, les crimes devenaient plus nombreux ; et la convocation des comices entraînait de longues formalités qui s'accommodaient mal avec la nécessité de la répression. De plus, certains crimes comportaient des recherches et une procédure qu'il était difficile de poursuivre devant une assemblée aussi agitée qu'une assemblée populaire.

L'usage de confier à des commissions le jugement des affaires criminelles se développa rapidement. Mais ces commissions elles-mêmes, nommées pour une affaire spéciale, privées de leur pouvoir aussitôt que le jugement était rendu, ne répondaient pas aux besoins de la justice. Aussi le peuple fut-il conduit à l'idée d'instituer des commissions permanentes (*quæstiones perpetuæ*), auxquelles il déléguait sa puissance judiciaire, mais en restant toujours le juge suprême, et en conservant le droit de connaître de leurs décisions comme juridiction d'appel.

Ces commissions prirent naissance à partir de l'an 604 de Rome (150 av. J.-C.). Elles étaient

(1) Lois crim. des Romains.

composées d'un président chargé de conduire et de surveiller l'instance, et de jurés chargés de se prononcer sur le fait. Elles étaient nommées pour un an. Chaque crime avait son tribunal, sa pénalité et sa procédure particulière organisée par la loi elle-même qui établissait la *quæstio*. Toutefois, comme le nombre des *quæstiones* n'aurait pas suffi, on rattachait à une même *quæstio* la connaissance des crimes analogues à ceux qu'elle était chargée de punir.

A l'époque de Cicéron, il y avait huit *quæstiones perpetuæ* (1).

Cette substitution de tribunaux composés de juges permanents aux anciennes juridictions par jurés de la République ne s'accomplit que lentement, car nous retrouvons des *quæstiones perpetuæ* jusque sous le règne de Domitien (2). Auguste l'avait préparée depuis longtemps, avec une grande prudence, sans rien brusquer et sans violer la constitution. Il maintint en effet toutes les magistratures et tous les tribunaux de l'époque républicaine ; il affecta même toujours pour elles le respect le plus profond, jusqu'à paraître, et quelquefois à prendre la parole devant les *quæstiones perpetuæ* dans les procès où ses amis se trouvaient engagés, par exemple dans l'accusation dirigée contre Aspernas Nonius, accusé d'empoisonnement, et dans celle de Scutarius, un de ses anciens gardes du corps, pour-

(1) Cic. de finib. II 16.
(2) Suet. Domit. 8.

suivi pour injures (1). Dans la table d'Ancyre, Auguste se glorifie d'avoir poursuivi les assassins par les voies légales : « *Qui in parentem conjura-* » *tionis socii fuerunt, in exilium expuli judiciis le-* » *gitimis.* »

Mais en même temps il institua, à côté de ces anciennes juridictions, des magistratures nouvelles, modestes et exceptionnelles au début, mais qui se développèrent peu à peu et finirent par supplanter les premières. C'est ainsi que s'établirent la juridiction du prince *(consilium principis)*, juridiction suprême qui pouvait évoquer toutes les affaires, alors même qu'elles avaient été jugées ; et, au-dessous, la juridiction du préfet de la ville *(præfectus urbi)*. Ce magistrat fut d'abord un magistrat secondaire, et chargé plutôt de la police de Rome que de l'administration de la justice. Mais, à mesure que le nombre des crimes et délits devint considérable au point de rendre insuffisantes les *quæstiones perpetuæ*, à mesure aussi que les citoyens de plus en plus indifférents regardèrent comme pénible la charge de figurer dans ces *quæstiones*, le préfet de la ville finit par connaître lui-même des affaires criminelles, extraordinairement d'abord et à titre d'exception *(extraordinariæ cognitiones)* ; mais cette exception devint bientôt la règle. « *Omnia omnino cri-* » *mina præfectus urbi sibi vindicavit.* » (2) Justinien constate un état de choses depuis longtemps en vi-

(1) Suet. Oct. 29, 51, 55.
(2) L. 1 pr. *Dig. de off. præf. urbi.*

gueur lorsqu'il dit que de son temps toutes les procédures sont extraordinaires : « *Quoties extra ordinem jus dicitur, qualia sunt hodie omnia judicia* (1). »

La même révolution s'accomplit dans les provinces où, comme à Rome, les fonctions de jurés étaient désertées par les citoyens ; le président de la province dut aussi connaître seul de toutes les causes : « *Ex omnibus causis de quibus præfectus urbi Romæ cognoscit, correctorum et præsidum provinciarum est notio.* » (2)

Mais le préfet de Rome et le gouverneur de la province, pressés par le nombre des affaires, ne pouvaient pas en prendre une connaissance personnelle. Aussi furent-ils obligés de s'adjoindre un conseil qui entendait la cause *(auditorium)*, et préparait la décision. Mais ce conseil d'assesseurs *(adsessores, consiliarii comites)*, à la différence de nos tribunaux modernes, ne faisait que proposer le jugement ; le magistrat pouvait seul, par sa sanction, donner à ce jugement l'autorité et la force exécutoire.

§ 2. — *De la procédure préparatoire.*

La procédure préparatoire a varié suivant les époques et les modifications introduites dans la juridiction compétente pour connaître de la poursuite.

(1) *Instit. lib. 4, De interdictis,* § 8.
(2) L. 10 *Dig. de off. præsidis.*

Tant que l'accusation dut être agréée par le magistrat chargé de la porter devant les comices, deux modes de procéder furent tour à tour suivis. Dans le premier état, le magistrat accusateur sommait publiquement l'accusé d'avoir à comparaître devant les comices à un jour déterminé. C'était la *diei dictio*. Plus tard, il relata dans un acte *(anquisitio)* le crime et la peine à appliquer. Cet acte était lu pendant trois jours de marché. Après ces publications, l'affaire était instruite ; l'accusé était appelé, et le peuple rassemblé au son de la trompe.

A l'époque des *quæstiones perpetuæ*, l'accusateur s'adresse d'abord au président de la commission compétente, et lui demande l'autorisation de citer la personne qu'il veut poursuivre : « *postulabat ut* » *sibi liceret nomen deferre.* » En même temps, il affirme par serment qu'il est de bonne foi, que son accusation n'est pas inspirée par la haine et l'intention de nuire : « *jurabat de calumnia* (1). »

Le président examine si le fait dénoncé constitue un crime, s'il rentre dans la compétence de sa juridiction, si l'accusateur n'est pas frappé d'une incapacité absolue ou relative ; et, dans le cas où rien ne lui paraît s'opposer à la poursuite, il en donne l'autorisation.

Ce premier acte de la procédure s'appelait la *postulatio.*

____

(1) L. Serv. C. 8.

Il était de principe que pour un même crime, il ne pouvait y avoir plusieurs accusateurs en nom. Aussi, si plusieurs accusateurs se présentaient, il fallait décider lequel aurait le droit de poursuivre l'affaire. Ce choix s'appelait la *divinitio*. Sous la République, la *divinitio* était l'objet d'une procédure préliminaire portée devant la commission qui devait connaître de l'affaire principale. C'est devant une semblable commission que Cicéron prononça son célèbre discours *de divinatione*, dans lequel il demanda à être préféré, dans l'accusation portée contre Verrès, à Q. Cécilius soupçonné de connivence avec l'accusé. Sous l'Empire, le choix était fait directement par le magistrat : « *Si plures exis-* » *tant qui in publicis judiciis accusare volunt, judex* » *eligere debet eum qui accuset, causa scilicet co-* » *gnita, æstimatis accusatorum personis, vel de di-* » *gnitate, vel ex eo quod interest, vel ætate, vel mo-* » *ribus, vel alia justa de causa* (1). »

Celui-ci qui n'avait pas été choisi pour porter l'accusation n'était pas, d'ailleurs, exclu de l'instance ; il s'adjoignait au contraire à la partie principale, et, sous le nom de *subscriptor*, il prenait une part active au procès.

Après la *postulatio* venait la *nominis delatio*, c'est-à-dire la qualification exacte du crime imputé et la désignation de la personne accusée. L'acte d'accusation était écrit et signé par l'accusateur. Cette *nominis delatio* avait la plus grande importance, car

(1) L. 16. D. de *accusat. et inscrip.*

lo procès s'engageait uniquement sur les faits qu'elle contenait.

Aussi avait elle lieu dans la forme si chère aux Romains, par interrogations et réponses précises, de façon à ce qu'il n'y eût point d'équivoque. L'accusé prenait le premier la parole, et demandait à l'accusateur quel était le sujet de sa plainte *(legibus interrogabat)*. L'accusateur exposait sa plainte avec précision, en ayant soin de faire toutes les énonciations indiquées par la loi en vertu de la quelle il se portait accusateur : *non debet vagari, sed designare, et « certum specialiter dicere* (1). »

Ainsi on communique à l'accusé les charges relevées contre lui. Règle très équitable, car « c'est véritablement couper la gorge à l'accusé « que de lui tenir secret ce dont on le veut accuser « jusqu'à l'instant qu'on lui amène témoins (2). » Cicéron, dans dans sa première action contre Verrès (C.2.) nous a conservé la formule dont se servait l'accusateur en matière de concession : *« aio te siculos spoliasse contra legem corneliam « atque eo nomine sestertium millies a te repeto.* »

Cette *interrogatio* ressemblait à l'instance *in jure* qui avait lieu devant le préteur pour les affaires civiles. Elle précisait les questions, sur lesquelles devait porter le débat.

Le président de la commission dressait un procès-verbal de ce débat préliminaire, *libellum* ; et ce pro-

____

(1) L. 7 Dig. *de injur. fam. libell.*
(2) Ayrault, ordre, formalité *inst. judic.*

cès-verbal était signé par l'accusateur et les *subscri-
tores* qui s'étaient joints à lui : *in nomen subscribere.*
Cette formalité était considérée comme une garantie
contre les accusations légères ou calomnieuses :
« *Quæ res ad id inventa est ne facile quis prosiliat
» ad accusationem, cum sciat inultam sibi accusa-
» tionem non futuram* (1). »

On ne pouvait pas modifier les questions posées
dans le *libellum.* Si le crime était autre que celui
désigné par *l'inscriptio,* le coupable était absous.

L'acte d'accusation une fois rédigé, la cause était
inscrite sur les registres du tribunal, avec les noms
de l'accusateur et de l'accusé. Cette inscription s'appelait *nominis receptio.* Elle était accompagnée de
la fixation faite par le président, du jour où les parties devaient comparaître *(diei dictio).* Cette fixation
était une formalité essentielle ; car il était de principe que l'accusation ne pouvait être exercée qu'à
jour fixe : « *ne nisi prodicta die quis accusatur* (2). »

Une fois l'accusation déterminée, l'accusateur
était chargé d'une véritable mission publique ; il
représentait la cité : « *In plerisque judiciis, credebat
» populus romanus sua interesse quid judicare-
tur* (3). »

Il devait poursuivre l'accusation avec la plus
grande vigilance ; et, s'il manquait à son devoir, il
pouvait être frappé d'une peine. « *Accusatorum te-*

(1) L. 7 pr. Dig. de accus.
(2) Cic. pro domo, C. 10.
(3) Tac. Dial. des orat. c. 39.

« *meritas tribus modis detegitur et tribus pœnis sub-*
» *jicitur : aut enim calumniantur, aut prævarican-*
» *tur, aut tergiversantur* (1). «

L'accusateur commettait une tergiversation en se désistant frauduleusement de l'accusation qu'il avait portée. Sans doute, après l'avoir portée de bonne foi, s'il la trouvait ensuite téméraire et mal fondée, le désistement lui était ouvert; mais il devait le faire agréer par le magistrat compétent, et faire prononcer *l'abolitio*. « *Abolitio*
» *præsentibus partibus, causâ cognitâ, a competenti*
» *judice postulare debet, id est, si per errorem, seu*
» *temeritatem, seu calorem ad accusationem prosi-*
» *luerit; hoc enim accusator explanans, abolitioni*
» *locum faciet.* »

Ce que la loi visait et punissait, c'est le désistement concerté, frauduleux, et le plus souvent acheté par l'accusé. « *Tergiversari est in universum ab accusatione desistere.* » La loi était même très sévère; elle punissait le fait seul d'avoir voulu entrer en composition, alors même qu'il n'y avait pas eu désistement de la part de l'accusateur. (2)

L'abolitio n'était accordée le plus souvent que du consentement de l'accusé.

Il y avait prévarication, si l'accusateur colludait avec l'accusé, dissimulait ses preuves, admettait de fausses excuses, soutenait l'accusation avec mollesse et négligence et de manière à la faire échouer.

(1) L. 1. pr. Dig. ad sen. Cons. Turpill.
(2) L. 1. pr. *De prævar.*; *L.* 6, § 1 *D. de abolit.*

« *Prævaricator est qui diversam partem adjuvat,*
» *prodita sua causa. — Animo ab accusatione desti-*
» *tit qui affectum et animum accusandi depo-*
» *suit* (1). »

La tergiversation et la prévarication étaient punies de peines arbitraires. On voit que ces deux
fautes étaient commises dans l'intérêt de l'accusé.
La calomnie, au contraire, était commise à son
préjudice. Nous en parlerons dans le chapitre suivant.

C'est l'accusateur qui était chargé du soin de
faire toutes les recherches et tous les actes de l'instruction. C'est lui qui devait réunir tous les éléments du procès *(inquisitio)*. Mais, comme il eût été
souvent impossible à un individu sans caractère public de recueillir les preuves nécessaires, le magistrat délivrait à l'accusateur une commission *(lex)*
qui l'investissait en quelque sorte d'une portion de
la puissance publique. Grâce à cette commission,
il pouvait pénétrer en tous lieux, saisir les pièces
de conviction, contraindre les témoins à comparaître et à déposer devant lui, et à remettre tous les
documents qu'il jugeait utiles. Cette *lex* emportait
comme sanction des peines contre ceux qui refu-
saient d'y obéir.

C'est en vertu d'une *lex* que Cicéron alla en Sicile
rassembler les éléments de son accusation contre
Verrès. Il nous donne un exemple de l'autorité que
la *lex* accordait à l'accusateur : « *Retinere incipit*

(1) L. 6. D. de abolit.

» *tabulas Theomnatus quidam. Hic ego postulare*
» *cœpi, ut mihi tabulas obsignare et deportare lice-*
» *ret. Ille contradicere, negare id mihi tradere opor-*
» *tere. Ego legem recitare, omnium mihi tabularum*
» *et litterarum fieri potestatem. Ille furiosus urgere*
» *nihil ad se nostras leges pertinere. Prætor intelli-*
» *gens negare sibi placere. Quid multa ? nisi vehe-*
» *mentius homini minitatus essem, nisi legis sanctio-*
» *nem pœnamque recitassem, tabularum mihi potes-*
» *tas facta non esset* (1). »

On voit qu'un pouvoir très étendu était laissé à
l'accusateur en vue de l'intérêt public. Mais le droit
de l'accusé n'était pas sacrifié le moins du monde.
Libre le plus souvent, il pouvait rassembler de son
côté toutes les preuves de son innocence, et tous
les éléments capables de combattre et de détruire
l'accusation. Il était même autorisé par la loi à faire
suivre l'accusateur par un gardien qui devait constater de quelle manière et par quels moyens étaient
recherchées et réunies les preuves de l'accusation.
Ce gardien était si bien attaché à la personne de
l'accusateur que celui-ci, nous dit Plutarque, « ne
» pouvait penser en quelque sorte sans que l'accusé
» n'en fût instruit (2). »

Plus tard, lorsque la procédure d'enquête s'introduisit et se développa, on eut soin de ne pas
diriger toutes ses armes contre l'accusé, mais de la
faire également servir à sa défense.

(1) *Cic. in Verr. II*, 36.
(2) Vie de Caton.

L'aveu de l'accusé n'obligeait pas le juge :
« *alioqui nocentem an innocentem qui scit ? Ipsi*
« *judices hoc non pronuntiant, sed se ex animi sui*
« *sententia facere profitentur* (1). »

On n'employait aucun mauvais traitement pour
obtenir l'aveu de l'inculpé ; le citoyen romain était
inviolable (2).

La torture ne fut pendant longtemps appliquée
qu'aux esclaves ; ils y étaient soumis, qu'ils fussent
témoins ou accusés. Les hommes libres étaient
crus sur le serment ; nous voyons dans Cicéron
que les moyens violents étaient interdits contre
l'affranchi, alors même que l'affranchissement
avait eu lieu en fraude de la loi et pour soustraire
l'esclave à la torture (3).

Quant aux esclaves soumis à la torture, l'accusateur devait fournir une indemnité à leur maître,
lorsqu'il échouait dans l'accusation. D'ailleurs on
ne pouvait pas les mettre à la torture pour les faire
déposer contre leurs maîtres, sauf dans le cas d'un
crime de lèse-majesté, d'inceste religieux, d'adultère, ou de fraude en matière d'impôt (4). Mais
Tibère tourna la loi ; il força l'accusé à vendre ses
esclaves au fisc, de telle sorte que, devenus étrangers à leurs maîtres, ils pouvaient déposer contre
lui. Enfin le principe disparut tout entier, même en

(1) Quint. Declam. 213 ; Val. Max. VI, 1. 7
(2) C'est l'avis de Geib, *criminal process.*, p. 333 et suiv.; voir
aussi M. Laboulaye, lois criminelles des Romains, p. 133.
(3) Cic. pro mil. 21, 22 ; pro Cæl. 29.
(4) Tac. Ann. II 30; Cic. pro Rosc., 41 ; pro mil, 22

dehors de l'expédient imaginé par Tibère, dans
les mauvais jours de la tyrannie impériale. « C'était
» quelque chose de bien atroce, dit M. Laboulaye,
» que la torture infligée à l'esclave, pour lui faire
» confirmer ou désavouer une déposition favorable
» à son maître. Si dans les douleurs de la torture,
» il rétractait ses aveux, il devait s'attendre aux
» plus affreux supplices en rentrant à la maison ;
» et l'on se demande quelle valeur pouvait avoir
» un pareil témoignage, rendu entre deux supplices
» imminents, et quel était le but de ces inutiles
» cruautés (1). »

A partir d'Alexandre Sévère, la torture fut appliquée même aux hommes libres, soit comme accusés, soit comme témoins. On faisait toutefois une
exception pour les Sénateurs, les décurions et les
soldats, quand il ne s'agissait pas du crime de lèse-
majesté. Justinien recommanda de n'employer la
torture que dans le cas où il y avait des indices
graves de la culpabilité de l'accusé : « *Oportet autem*
» *judices nec in his criminibus quæ publicorum ju-*
» *diciorum sunt, ad investigationem veritatis tor-*
» *mentis initium sumere : sed argumentis primum*
» *verisimilibus probabilibusque uti. Et si his veluti*
» *certis indiciis ducti, investigandæ veritatis gratia*
» *ad tormenta putaverint esse veniendum : tunc id*
» *demum facere debebunt, si personarum conditio*
» *patiatur* (2). »

(1) p. 131.
(2) Fr. 8 C. de quæst.

CHAPITRE IV

CONCLUSION ; APERÇU GÉNÉRAL DES GARANTIES ET MOYENS DE DÉFENSE ACCORDÉS A L'ACCUSÉ.

On voit que l'accusé ne manquait pas de garanties. La liberté provisoire sous caution lui était accordée dans une large mesure ; et, s'il était mis en état de détention préventive, on s'efforçait d'adoucir la rigueur naturelle de ce régime. Tous les actes de l'instruction lui étaient immédiatement connus, et il pouvait préparer sa défense avec une liberté complète. Bien qu'il pût être accusé par toute personne non privée du droit d'accusation, il n'était pas livré sans protection à la malveillance et à la haine de ses concitoyens : victime d'une accusation calomnieuse, il recevait de la loi un recours efficace contre le calomniateur.

La *calumnia* était le délit le plus grave dont un accusateur pût se rendre coupable. Il y avait calomnie quand l'accusateur, connaissant l'innocence de l'accusé, agissait dans l'intention de lui nuire : « *calumniari est falsa crimina intendere* (1). » Il ne suffisait pas, pour qu'il y eût calomnie, que l'accusation n'eût point été prouvée (*non utique qui non probat quod intendit calumniari videtur*), il fallait que le juge qui avait prononcé l'absolution de l'ac-

(1) L. 1, § 1, *Dig. ad sen.* — C. Turpill.

cusé déclarât la calomnie : « *Nam ejus rei inqui-*
» *sitio arbitrio cognoscentis committitur ; qui reo*
» *absoluto de accusatoris incipit concilio quærere,*
» *qua mente ductus ad accusationem processit ; et si*
» *quidem justum ejus errorem repererit, absolvit*
» *eum ; si vero in evidenti calumnia eum deprehen-*
» *derit, legitimam pœnam irrogat* » (1). Cette déclaration se faisait par le jugement même qui pronon-
çait l'absolution : « *nam, si quidem ita pronuntiave-*
» *rit, non probasti, pepercit ei ; si* · *item pronun-*
» *tiaverit, calumniatus es, condemnavit eum* (2). »

La calomnie était d'abord punie par une loi
Remmia : « *calomniatoribus pœna lege Remmia ir-*
» *rogatur* (3). » La peine édictée par cette loi contre
le coupable semble avoir été la marque au front de la
lettre K. C'est du moins la conclusion que l'on a tirée
d'un passage de Cicéron (4). Mais il est bon de faire,
croyons-nous, les plus grandes réserves sur le sens
exact du texte (5). Quoiqu'il en soit, la loi Remmia
cessa promptement d'être en vigueur. Ulpien nous
dit que la calomnie était punie d'une amende qui
s'élevait au quadruple de la somme reçue par l'accusateur, « *in quadruplum ejus pecuniæ quam ac-*
» *cepisse dicetur* » (6). Sous Trajan, le calomniateur
fut condamné à la peine qui aurait frappé l'accusé

(1) L. 1, § 3. *Dig. ad sen. cons. Turpill.*
(2) L. 1, § 1, *eod. tit.*
(3) L. 1, § 2, *eod. tit.*
(4) *Pro Roscio*, 19, 20.
(5) Voy. Laboulaye, *Lois crim. des Romains*, p. 251, note 1.
(6) L. 1, *Dig. de calum.*

s'il eût été reconnu coupable : « *Quisquis crimen*
» *intendit, non impunitam fore noverit licentiam*
» *mentiendi, cum calumniantes ad vindictam poscat*
» *similitudo supplicii.* (1) » Plus tard encore, l'auteur d'une accusation calomnieuse, intentée pour
crime de lèse-majesté, devait être mis à la torture,
afin qu'il fit connaître le nom des instigateurs de
son accusation, s'il en avait eu.

Il est impossible de ne pas reconnaître qu'en
cette matière, comme en beaucoup d'autres, la législation romaine était arrivée à un état de perfec-
tion très-avancée, et qu'elle mérite pleinement les
éloges qui lui ont été décernés. « S'il est une partie de la procédure criminelle, dit Filangieri, où
le système de la jurisprudence romaine doive être
entièrement adopté, c'est assurément celle qui concerne l'assignation de l'accusé et la sûreté de sa
personne ; nous avons vu combien elle était simple
et favorable à la liberté du citoyen. Assigner un
homme qui est accusé d'un délit, le conduire devant le magistrat compétent, lui faire connaître son
accusateur, lui montrer l'accusation, l'interroger
sans mystère sur la vérité de tout ce qu'on avance
contre lui, ne laisser paraître la moindre prévention en faveur d'aucune des parties ; accorder le
même nombre de jours à l'accusé pour se justifier
et à l'accusateur pour soutenir la vérité de son accusation ; ne point s'assurer de l'accusé en l'em-
prisonnant, excepté dans le cas où l'on peut

(1) L. 10 *Code de calumniat.*

craindre sa fuite et où l'on doit punir son mépris pour l'autorité légitime ; laisser sa personne libre, sur la parole d'une caution, lorsque la nature du délit et la rigueur de la peine portée contre lui n'exigent pas une plus grande sûreté ; faire en sorte que, même en ce cas, la garde de l'accusé ne soit pas indigne d'un innocent ; construire des prisons où le prévenu soit traité avec humanité, modération et respect ; en un mot, *en user avec l'accusé comme avec un citoyen, tant que son délit n'est pas entièrement prouvé.* Voilà les heureux effets de ce système de liberté des Romains. »

Ces règles relatives à la situation de l'inculpé se formèrent et se développèrent sous l'influence de causes diverses. Elles furent d'abord, sous la République, inspirées par le respect de la liberté individuelle, et par la force des croyances religieuses, qui attachaient le citoyen romain au sol de la patrie, et qui rendaient l'exil plus terrible à ses yeux que toutes les autres peines. Plus tard, quand ces croyances disparurent, quand la liberté individuelle s'évanouit devant le despotisme et la cruauté des empereurs romains, le droit ancien subsista, — ébranlé sur quelques points, mais conservé dans son esprit, adouci parfois, sous le règne de quelques empereurs, par la charité du christianisme naissant.

Mais il ne faudrait pas juger de la pratique de la dernière époque par les règles que les jurisconsultes avaient posées. Dès l'instant où l'individu se trouve en présence du pouvoir, pour l'exercice de ses droits même les plus essentiels et les plus légitimes, il doit compter non seulement avec les institutions qui le protègent, mais avec les hommes qui dirigent ces institutions et les appliquent. Si justes qu'elles soient, elles sont fragiles si elles ne peuvent s'appuyer sur les mœurs ; les lois sont impuissantes, quand les mœurs sont dégradées. Jamais, à aucune époque de l'histoire, cette vérité n'a été plus saisissante qu'à l'époque de l'empire romain. Tandis que de grands jurisconsultes, imbus de la philosophie stoïcienne et des idées généreuses venues de la Grèce, proclamaient au milieu de la Rome impériale, les principes de justice et de liberté qui avaient été la gloire et la force de la République, on voyait les hommes du pouvoir affaissés sous la servitude et la corruption, mettre à la merci du maître cette dernière sauvegarde des citoyens asservis, et les citoyens eux-mêmes, sans espoir, sans énergie, sans volonté, rouler dans cette décadence morale qui conduisit Rome à sa perte, plus sûrement que le nombre et le courage de tous ses ennemis conjurés.

« Que manquait-il à cette législation pour être parfaite ? dit M. Picot. Ce que les lois sont impuissantes à donner à un peuple, et ce qui fait leur grandeur et leur dignité : des magistrats qui les comprennent et les respectent. A Rome, le préfet de la ville, dans les provinces les lieutenants de l'Empereur décidaient seuls du sort des accusés ; c'était livrer à un pouvoir discrétionnaire la liberté des citoyens. Avec une telle latitude d'appréciation, un pouvoir sans contrôle ni limites violait incessamment l'esprit de la loi. Le droit existait, mais dépouillé de toute sanction. Livrée au caprice, son application dépendait souvent de la volonté arbitraire de l'empereur. Les Antonins étaient rares dans ces siècles de corruption. » En fait, à l'époque impériale, bien que la liberté provisoire restât le droit commun, il y eut beaucoup de détentions arbitraires. Comment les empereurs pouvaient-ils respecter pendant l'instruction la liberté des accusés, alors qu'ils faisaient mettre à mort sans jugement les hommes dont ils craignaient l'indépendance ou désiraient la fortune. ?

DROIT FRANÇAIS

INTRODUCTION

Nous n'avons pas à revenir sur le cadre et le but de cette étude ; nous les avons indiqués en commençant : ce sont les droits et les garanties de l'inculpé pendant l'instruction préparatoire, ce sont les règles par lesquelles le législateur a assuré la liberté de la défense que nous voudrions dégager. Préciser à cet égard les dispositions du code d'instruction criminelle et des lois postérieures, les apprécier au point de vue rationnel et pratique, en rechercher les lacunes et les vices, étudier les réformes à introduire, et présenter un aperçu critique de ces réformes, en prenant comme point de de départ un projet de loi qui les contient et qui est soumis en ce moment à l'adoption des Chambres, tel est notre dessein. Nos efforts resteront au-dessous de la tâche ; mais nous avons du moins le désir de formuler tous les vœux que fait naître la nécessité reconnue des réformes aujourd'hui proposées.

Ce n'est pas à propos de ces réformes que l'on pourrait répéter le mot de La Bruyère : « tout a été dit. » Les importantes questions qui s'y rattachent, bien loin d'être épuisées, sont relativement nouvelles ; elles sont vivement discutées dans la plupart des pays ; et la diversité des solutions qu'elles ont reçues dans ces dernières années augmente à la fois leur intérêt doctrinal et leurs difficultés pratiques.

Aussi croyons-nous utile de présenter l'examen des principales législations étrangères. Notre étude se divisera, par conséquent, en trois parties :

LIVRE PREMIER. — *De la situation de l'inculpé dans notre droit durant l'instruction préparatoire ;*

LIVRE SECOND. — *De sa situation dans les législations étrangères ;*

LIVRE TROISIÈME. — *Des réformes à introduire et de celles que le projet de loi contient.*

LIVRE PREMIER

De la situation de l'inculpé dans notre droit

CHAPITRE PREMIER

DE LA DÉTENTION PRÉVENTIVE DE L'INCULPÉ ; ET DE LA THÉORIE DES MANDATS

§ 1. — *Définition de la détention préventive ; son caractère, sa justification et son but.*

Le principe de la liberté individuelle, si légitime et si essentiel qu'il puisse être, n'est pourtant pas un principe absolu et sans limites. Non seulement il cesse de protéger la personne contre laquelle une peine d'emprisonnement a été régulièrement prononcée, mais il fléchit encore dans certains cas, devant la présomption d'un crime ou d'un délit, et devant la possibilité d'une condamnation pénale.

Un individu est prévenu d'un délit ou accusé d'un crime. La société n'a pas un droit sur lui, puisqu'il n'est pas condamné ; mais, à raison même de cette prévention, des faits ou des indices qui la justifient plus ou moins, la société peut et doit se mettre en garde. Il faut que la justice commence et poursuive l'instruction, qu'elle recherche et découvre et vérité ; et pour cela, il faut qu'elle tienne sous sa main l'individu présumé coupable. C'est dans l'interrogatoire qu'il lui fera subir, dans les confrontations avec les témoins ou les complices, qu'elle puisera ses moyens d'information les plus éclairés et les plus sûrs. N'est-il pas à craindre d'ailleurs que l'inculpé, laissé libre, ne cherche à se dérober par la fuite à la condamnation et à la peine qu'il redoute ; ou qu'il n'emploie sa liberté à supprimer les traces de son crime, à tromper la justice, à suborner les témoins, à s'assurer de fausses dépositions, à se concerter avec des complices ?

La détention préventive de l'inculpé n'est donc pas une peine ; c'est une mesure nécessaire, une garantie précieuse pour la sûreté de l'instruction et pour l'exécution de la peine qui pourra être prononcée. C'est le droit et l'intérêt général de la société qui exige et justifie cet emprisonnement préalable. Un des plus ardents défenseurs de la liberté individuelle, Blackstone, a écrit : « Une exemption absolue » de l'emprisonnement dans tous les cas, est une » chose incompatible avec toute idée de droit et de » société politique. Si cette exemption était admise, » il serait impossible de protéger ce droit, et la so- » ciété, et toute liberté civile seraient insensiblement » détruites ». Mais le problème consiste à tracer rigoureusement les limites de ce droit, et à concilier cet intérêt général avec l'intérêt du prévenu et de la liberté individuelle.

§ 2. — *Historique de la détention préventive.*

La législation Romaine, après avoir longtemps admis que l'accusé devait demeurer en état de liberté jusqu'au jour du jugement, finit par établir le principe de la détention préventive.

Ce principe fut également suivi dans notre ancien droit .Le juge d'instruction rendait d'abord un *décret*, espèce de jugement préparatoire, qui plaçait l'inculpé *inter reos.* (1) Il y avait trois classes de décrets : le *décret d'assigné pour être ouï*, le décret *d'ajournement personnel*, le décret *de prise de corps.*

Les deux premiers ne portaient pas atteinte à la liberté de l'inculpé ; ils l'obligeaient seulement à comparaître devant le juge d'instruction pour y être interrogé sur les charges relevées contre lui. Quant au décret de prise de corps, il avait pour but et pour effet l'arrestation et l'emprisonnement préalable de l'inculpé.

D'après les termes mêmes de l'ordonnance de 1670 tit. X, le juge décernait ces décrets « *selon la qualité des crimes, des preuves et des personnes* » (2).

La loi du 19-22 juillet 1791, la loi des 16-29 septembre 1791 reconnaissaient deux sortes de mandats :

1° *Le mandat d'amener,* par lequel l'inculpé était assigné à comparaître ;

(1) V. Faustin-Hélie. — T. V. p. 737
(2) V. Jousse — T .II p. 161. Muyard de Vouglans. *Lois Crim.* p. 623.

2° *Le mandat d'arrêt,* par lequel il était mis en état de détention préventive. Ce dernier ne pouvait être décerné que dans le cas où le prévenu était passible d'une peine afflictive et infamante, c'est-à-dire d'une peine criminelle.

Le Code du 3 brumaire an IV modifia ces dispotions. Il créa le *mandat de comparution* pour les prévenus de délits passibles d'une simple amende, et il permit de décerner le mandat d'arrêt contre les prévenus de délits passibles d'un emprisonnement de plus de trois jours, c'est-à-dire contre tous les prévenus de délits correctionnels.

La loi du 7 pluviose an IX créa le *mandat de dépôt* : mandat purement provisoire par lequel l'inculpé était écroué dans une maison de justice, jusqu'à ce que le juge d'instruction eût pris communication des pièces et prononcé sur la prévention. Ce mandat différait des autres en ce que, dans certains cas, le ministère public avait le droit de le décerner sans consulter le juge d'instruction.

§ 3. — *Définition et distinction des mandats établis par le Code.*

— Sous le Code d'instruction criminelle de 1808, le mandat, dans l'acception la plus large du mot, est une ordonnance émanée du juge d'instruction et tendant à faire comparaître devant lui l'inculpé d'un délit ou d'un crime ou à le faire placer sous la main de la justice.

Les contraventions de simple police ne sont jamais l'objet d'un mandat.

Le Code distingue quatre espèces de mandats, qui répondent chacun à un but différent.

Le *mandat de comparution* est celui par lequel le Juge d'instruction assigne le prévenu à se présenter devant lui, à un jour et à une heure déterminés, pour être interrogé sur les faits relevés à sa charge. C'est le plus doux dans sa forme et dans ses effets ; l'inculpé se présente seul et libre (art. 91)

Si l'inculpé obéit au mandat de comparution, il doit être immédiatement intrerogé (art. 91.)

Par le *mandat d'amener,* le juge d'instruction prescrit à tous les agents de la force publique de se saisir de la personne de l'inculpé. Ce mandat est donc plus rigoureux que le précédent, puisque le prévenu est tenu de suivre sans retard le porteur du mandat, et qu'il ne comparaît pas en état de liberté.

L'inculpé frappé d'un mandat d'amener doit être interrogé dans les 24 heures au plus tard (art. 93.)

Qand le juge d'instruction veut faire incarcérer le prévenu, il emploie le *mandat de dépôt* ou le *mandat d'arrêt.* C'est par eux que s'effectue la détention préventive.

§ 4. — *Des cas dans lesquels ces divers mandats sont décernés.*

Nous avons montré que les mandats de comparution et d'amener diffèrent essentiellement par leur caractère et leurs effets. Il est donc utile de bien distinguer les cas d'application de chacun d'eux.

Sous l'empire du Code, aux termes de l'art. 91, lorsque l'inculpé avait un domicile et qu'il était seulement passible d'une peine correctionnelle, le juge d'instruction pouvait, à son choix, décerner un mandat de comparution ou un mandat d'amener (1). Dans tous les autres cas, le mandat d'amener était obligatoire.

La loi avait limité le pouvoir du juge, redoutant peut-être qu'il ne cédât à des influences et à des considérations de rang et de fortune. Mais la règle était trop rigoureuse, parce qu'elle était absolue : vis-à-vis de certains crimes et de certaines personnes, l'emploi du mandat d'amener présentait quelque chose d'excessif et de fâcheux. Aussi, en fait, la prescription de la loi était fréquemment éludée ; la pratique avait apporté des tempéraments plus équitables que légaux, et introduit de regrettables divergences.

La loi du 14 juillet 1865 a fait disparaître cet inconvénient.

(1) Une circulaire de M. de Serre, que nous aurons souvent l'occasion de rappeler, tempérait par de sages prescriptions le caractère absolu de ce pouvoir :

« *Toutes les fois qu'il s'agit de simples délits et que l'inculpé est* » *domicilié, le juge d'instruction doit généralement se borner à* » *décerner un mandat de comparution, sauf à le convertir en tel* » *autre mandat qu'il est jugé nécessaire. Le législateur du Code* » *d'instruction criminelle indique qu'on ne doit pas, sans motif* » *grave, user de contrainte envers un individu qui présente une ga-* » *rantie.* » (Circ. du 10 février 1810).

La nouvelle rédaction de l'art. 91 est ainsi conçue: « En matière criminelle ou correctionnelle, le » juge d'instruction pourra ne décerner qu'un » mandat de comparution, sauf à convertir ce » mandat, après l'interrogatoire, en tel autre mandat qu'il appartiendra. — Si l'inculpé fait défaut, » le juge d'instruction décernera contre lui un » mandat d'amener. »

Aucune distinction n'est faite entre les crimes et les délits, entre les inculpés qui ont et ceux qui n'ont pas un domicile. Le juge d'instruction jouit d'un pouvoir discrétionnaire.

Notons cependant que le mandat de comparution peut seul être décerné, lorsque le fait incriminé ne donne lieu qu'à une amende. Cette règle résulte de l'esprit, sinon de la lettre de la loi. L'art. 131, supposant que le prévenu a été mis en état de détention préventive à raison d'un fait puni de l'emprisonnement, ordonne qu'il sera mis en liberté, si le titre de la poursuite se modifie, au cours de l'instruction, de manière à n'entraîner qu'une simple amende. Il est donc naturel que le mandat d'amener, portant atteinte à la liberté individuelle, soit interdit dans le cas où, dès le début de l'instruction, l'amende seule paraît être encourue.

L'innovation réalisée par le nouvel article 91 avait été déjà visée dans un projet de loi présenté par le gouvernement en 1842, mais rejeté par la Chambre des Pairs après avoir été accueilli par la Chambre des Députés. Dans les observations qu'elle avait été appelée à donner sur ce projet de loi, la Cour de cassation avait demandé le maintien de la législation de 1808. La loi a été sage, disait-elle, de se substituer au juge, de lui épargner les erreurs d'appréciation, et les obsessions de l'intrigue. La Cour de Caen, au contraire, avait émis une opinion favorable au projet du gouvernement. « Dans quels » cas le juge usera-t-il de son pouvoir pour ne dé- » cerner qu'un mandat de comparution? Dans ceux » où maintenant il ne lancerait aucun mandat. En » effet, lorsqu'il y aura des charges sérieuses, le » juge n'hésitera point à priver l'inculpé d'une li- » berté dont il abuserait. Dans l'état actuel, comme » l'exécution d'un mandat d'amener imprime tou- » jours une certaine flétrissure, le juge n'emploie » cette mesure rigoureuse qu'après un commence- » ment d'instruction, et lorsque les charges pa- » raissent avoir acquis quelque poids. Durant cette » période le coupable peut prendre la fuite, inti- » mider les témoins, supprimer les pièces de con- » viction. Si, au contraire, on permettait au juge » de ne décerner qu'un mandat de comparution, il » appellerait sur le champ l'inculpé, il l'interroge- » rait, et il pourrait le faire immédiatement détenir, » quand les soupçons seraient confirmés par l'in- » terrogatoire. De cette manière, la marche de l'ins- » truction serait plus sûre et plus rapide. »

Dans la discussion de 1865, au corps législatif, reparurent les craintes qui avaient préoccupé la Cour de Cassation en 1842. MM. Fabre et Picard critiquèrent le pouvoir discrétionnaire laissé au juge d'instruction quant à la détermination de l'espèce de mandat à décerner. Suivant eux, ce pouvoir n'était pas compatible avec le principe d'égalité qui est la base de la justice ; car ils craignaient que le juge ne traitât pas de la même manière l'inculpé d'une humble condition et celui qui aurait une position considérable. Mais le corps législatif, avec beaucoup de raison et pour les motifs que nous avons précédemment indiqués, passa outre à ces craintes.

Le second alinéa de l'art. 91 nous paraît, au contraire, mériter une critique.

Qu'on accorde au juge la faculté de ne délivrer qu'un mandat de comparution, quel que soit le fait incriminé, nous l'acceptons ! Mais qu'on lui impose l'obligation, quand l'inculpé fait défaut, de décerner contre lui un mandat d'amener, n'est-ce pas dépasser le but? Ce sont là des matières qu'il est bien difficile de régler *à priori*, et dans lesquelles la fixité immuable des règles se change trop souvent en une injuste sévérité. On laisse au juge une faculté dans le premier cas, pourquoi la lui retirer dans le second? Pourquoi lui interdire l'appréciation des circonstances, et l'obliger à prendre la mesure toujours si grave. d'un mandat d'amener?

La solution de la loi nous paraît d'autant plus fâcheuse que la généralité des termes de l'art. 91 a fait admettre la possibilité du mandat d'amener contre l'inculpé défaillant, alors même que le fait incriminé n'entraîne pas la peine de l'emprisonnement (1). On remarque, pour justifier cette opinion, que le mandat d'amener est employé en pareil cas comme un moyen coercitif et pour assurer l'exécution de l'ordre du juge, abstraction faite de la gravité du délit. Mais le mandat d'amener n'a d'effet que jusqu'au moment de l'interrogatoire ; le prévenu est ensuite rendu à la liberté.

Quant aux mandats de dépôt et d'arrêt le juge est libre de peser les charges qui peuvent en motiver l'application (2). Mais il ne doit pas oublier « que la » circonspection des magistrats doit être pour les » citoyens une sauvegarde et une garantie de plus » contre des soupçons trop légèrement conçus, ou » des désignations indiscrètes qui compromet-» traient mal à propos la liberté individuelle. » (Circul. du 10 février 1810) (3).

Du reste, deux règles certaines viennent limiter ce pouvoir discrétionnaire du juge.

D'une part, les mandats de dépôt ou d'arrêt, étant employés comme une garantie de l'exécution de la peine, ne peuvent être décernés qu'autant que le fait incriminé entraîne l'emprisonnement ; l'article 94, modifié par la loi du 14 juillet 1865, porte : « Après l'interrogatoire ou en cas de fuite de l'in-

(1) Dutruc, *Code de la dét. prév* ; — Morin. *Journal du droit crim.* art. 8112. p. 292.

(2) Cass. 7 avril 1837, Bull. n° 107 ; —

(3) Voir. de même : Faustin Hélie ; — Mangin, n° 115 ; — Duverger, n° 120 ; — Dutruc, Code de détention préventive. p. 49 note (1)

» culpé le juge pourra décerner un mandat de
» dépôt ou d'arrêt, *si le fait emporte la peine de l'em-*
» *prisonnement ou une peine plus grave* » (1).

D'autre part, ces deux mandats doivent être précédés des mandats de comparution ou d'amener ; car nul ne peut être mis en état de détention préventive avant d'avoir été interrogé et d'avoir pu fournir des explications et ses moyens de défense. C'est ce qui résulte des premiers mots de l'art. 94 : « *Après l'interrogatoire.* »

Il n'y a d'exception que pour le cas où l'inculpé a pris la fuite ; le juge peut alors, sans attendre l'interrogatoire, décerner un mandat de dépôt ou d'arrêt. En effet, la fuite de l'inculpé confirme dans une certaine mesure la prévention ; l'inculpé est assimilé à celui qui, après son interrogatoire, n'a pas détruit les charges qui pèsent sur lui.

Toutes ces règles sont communes au mandat de dépôt et au mandat d'arrêt. Mais ce dernier est soumis à une règle particulière : le juge ne peut le décerner « *qu'après avoir entendu les conclusions* » *du ministère public* (art. 94.) » Nous pensons que ces mots de l'article 94 signifient que le juge d'instruction ne peut pas prendre un mandat d'arrêt si le ministère public conclut au renvoi du prévenu des fins de la poursuite. Mais à l'inverse le juge a le

(1) Art. 31,91,129 Instr. crim. ; — Cass. 21 mai 1811 ; — Duverger, n° 419 ; — Mangin, n° 117 ; — Dalloz, n° 632.

Il y a quelques délits pour lesquels la loi elle-même a fait exception à la règle.

droit de mettre le prévenu en liberté, malgré l'avis du ministère public.

§ 5. — *L'inculpé peut-il attaquer le mandat décerné contre lui ?*

Le prévenu a-t-il le droit de former opposition à un mandat décerné contre lui, et de faire contrôler ainsi dès le début de la procédure, les premiers actes du juge d'instruction ? Il serait désirable qu'il eût ce droit, mais le texte impératif de la loi ne permet pas de le lui reconnaître. L'article 135 Inst. Crim. dispose que « le prévenu ne pourra former » opposition qu'aux ordonnances rendues en vertu » de l'art. 114, et dans le cas prévu par l'art 539 », c'est-à-dire dans le cas où le juge d'instruction aurait refusé la mise en liberté provisoire ou se serait déclaré compétent, malgré l'exception d'incompétence soulevée par le prévenu.

Or, notre hypothèse ne rentre ni dans l'un ni dans l'autre cas ; et par sa rédaction, le texte est limitatif. Il suffit, pour s'en convaincre, de comparer le premier alinéa de l'article 135, qui accorde au procureur de la République le droit de faire opposition *dans tous les cas*, avec le troisième alinéa qui ne donne au prévenu le même droit que dans certains cas déterminés.

D'ailleurs, les travaux préparatoires ne laissent aucun doute. « Nous avons proclamé, dit le rappor- » teur de la loi de 1856, le droit absolu d'opposition

» de la partie publique ; nous avons restreint
» aux deux seuls cas possibles, celui des pre-
venus » (1).

L'inculpé n'a donc pas reçu de la loi cette précieuse garantie. Il n'a que la faculté de s'adresser
au Procureur général. Celui-ci, usant du droit de
surveillance que l'art. 279 lui confère sur le juge
d'instruction, pourrait lui faire des représentations,
mais dont l'autorité serait purement morale. L'inculpé aurait d'ailleurs le droit de demander son
renvoi devant un autre magistrat pour cause de
suspicion légitime, de prendre à partie le juge
d'instruction qui aurait commis quelque abus, et
enfin de solliciter de la cour l'exercice du droit d'é-
vocation qui lui appartient dans tous les cas.

§ 6. — *Comment prend fin la détention préventive de la mainlevée des mandats.*

Elle peut cesser : soit par le jugement ou l'arrêt
d'acquittement ou de condamnation ; soit par la
mise la liberté provisoire, dont nous parlerons bientôt ; soit enfin par la mainlevée du mandat, sur
laquelle il importe d'insister.

Pour les mandats de comparution et d'amener,
qui n'ont pour but que de soumettre le prévenu à
l'interrogatoire, il n'est pas question de mainlevée.
Mais quand aux mandats de dépôt et d'arrêt, la
question reste entière.

(1) Voir en ce sens Cass. 10 déc. 1813, 7 nov. 1816, 14 mai 1819
3 janvier 1861, et plusieurs arrêts de cour d'appel.

Sous le Code de 1808, c'est à la Chambre du conseil et à la Chambre des mises en accusation que les articles 128,129,131,229 et 231 donnaient le pouvoir de statuer sur les charges résultant de l'instruction écrite, et par suite de faire cesser, s'il y avait lieu, les effets du mandat. On pensait que le mandat d'arrêt avait le caractère d'une véritable décision judiciaire, qu'il était une sorte de jugement rendu contradictoirement après les conclusions du ministère public et l'interrogatoire du prévenu, et que le juge d'instruction ne pouvait pas plus le retirer qu'un tribunal ne peut rétracter le jugement qu'il a rendu (1).

Quant au mandat de dépôt, on avait généralement admis, après une légère controverse, qu'il était tout aussi irrévocable que le mandat d'arrêt, et qu'il ne pouvait être anéanti, même avec le consentement du ministère public, que par une ordonnance de non-lieu ou par un acquittement (2).

C'était une règle bien grave que de refuser au juge d'instruction la faculté de suspendre provisoirement les effets du mandat de dépôt, alors même que ce mandat, devenait inutile, parceque l'inculpé présentait des garanties qui, au premier abord, n'avaient pas paru suffisantes.

En 1843, un projet de loi fut déposé pour remédier à cet inconvénient, mais il n'aboutit pas. En 1845, la question fut reprise ; en 1846, les

(1) Dalloz V° *Instr. écr.* n° 612.
(2) Mangin, *Instr. écr.* 1, n° 166.

Cours d'appel et les Facultés de Droit, consultées par le gouvernement, se prononcèrent presque toutes en faveur de la levée facultative du mandat de dépôt ; et en 1853, la majorité des Procureurs généraux donna également une opinion favorable.

Enfin la loi du 4 avril 1855 vint réaliser cette mesure en modifiant l'art. 94 du Code la manière suivante : « Après l'interrogatoire le juge pourra » décerner un mandat de dépôt. Dans le cours de » l'instruction, il pourra, sur les conclusions du » Procureur (impérial,) et quelle que que soit » la nature de l'inculpation, donner mainlevée » de tout mandat, à la charge par l'inculpé de se » représenter à tous les actes de la procédure » et pour l'exécution du jugement aussitôt qu'il » en sera requis. L'ordonnance de mainlevée ne » pourra être attaquée que par voie d'opposition. »

Après la loi du 4 avril 1855, la moyenne des élargissements s'eleva de 1 à 3 p. 0/0. Cette loi cependant présentait certaines imperfections.

Les détenus, qui obtenaient la mainlevée de leur mandat de dépôt, n'avaient pas à fournir un cautionnement ; ils étaient donc mieux traités que les prévenus admis dès le premier moment à la liberté provisoire sous caution. A l'inverse, et à un autre point de vue, leur situation était aggravée. En effet, la mise en liberté sous caution et la mainlevée pure et simple du mandat de dépôt différaient en ce sens que la première était accordée par *voie contentieuse*, et la seconde par *voie gracieuse*. Dans le premier cas, le prévenu qui échouait dans sa demande avait la faculté d'interjeter appel ; dans le second cas, il devait se soumettre, et attendre du juge d'instruction la concession purement bénévole de sa liberté.

Mais la loi de 1855 était surtout fâcheuse en ce qu'elle limitait avec trop de rigueur les pouvoirs du juge d'instruction. N'était-ce pas dangereux de lui imposer, s'il voulait faire cesser la détention préventive, la mise en liberté pure et simple du prévenu ? Pourquoi l'investir du droit de prendre une mesure, si on ne lui donnait pas en même temps celui d'en modérer les effets ? On lui disait : « Arrêtez ou laissez libre. » Et pourtant, combien de cas où le maintien de la détention préventive était regrettable, où la liberté pure et simple ne l'était pas moins ? Aucun moyen intermédiaire pour concilier les intérêts de l'inculpé, et ceux de le répression. Aussi les juges d'instruction, placés entre ces deux partis extrêmes, hésitaient le plus souvent à lever le mandat de dépôt, et la loi de 1855, bien qu'elle fût conçue dans un esprit libéral, ne produisit pas les résultats attendus.

Le législateur ne devait-il pas aller plus loin, et rendre également révocable le mandat d'arrêt ? Un amendement déposé en ce sens dans la discussion de la loi de 1855 fut rejeté sur l'opposition du rapporteur de la loi.

L'irrévocabilité du mandat d'arrêt, disait-on, est nécessaire pour protéger le juge contre sa propre faiblesse. Le juge, d'ailleurs, n'use du mandat d'arrêt qu'avec une grande réserve, et il a la faculté de ne décerner qu'un mandat de depôt (1) Mais ces motifs n'étaient pas suffisants : il était juste de venir en aide au détenu placé dans les liens du mandat d'arrêt dans le cas où la détention apparaissait inutile. Le mandat d'arrêt est le plus souvent décerné à raison de la disparition de l'inculpé ; il n'est pas motivé par la gravité plus prononcée des indices et des charges. Il peut donc arriver que l'inculpé arrêté en vertu de ce mandat détruise par son interrogatoire les charges qui s'élevaient contre lui. Pourquoi le juge n'aurait-il pas, en pareil cas, le pouvoir de lui rendre la liberté?

Aussi la lacune laissée par la loi de 1855 fut-elle comblée par la loi du 14 juillet 1865. Désormais le juge d'instruction a la faculté, quelle que soit la nature de l'inculpation et sur les conclusions conformes du Procureur de la République, de donner mainlevée du mandat d'arrêt comme du mandat de dépôt. L'ordonnance de mainlevée est susceptible d'opposition de la part du ministère public (art. 94, loi du 14 juillet 1855.)

(1) Duvergier, collection des lois, 1855, p. 93, observations du rapporteur.

CHAPITRE II

DE LA MISE AU SECRET

§ 1. — *Définition de la mise au secret ; quel est son but ; et comment ses partisans la justifient.*

La mesure de la détention préventive, si grave par elle-même, puisqu'elle s'applique à un individu non déclaré coupable, peut être rendu plus rigoureuse encore par la *mise au secret*.

La mise au secret ou l'interdiction de communiquer, suivant les expressions de notre Code, est la défense, faite par le juge, de laisser le détenu communiquer avec une personne désignée ou même avec toute personne.

Nous démontrerons plus tard, dans l'examen des réformes nécessaires, que l'institution de la mise au secret doit disparaître de notre Code. Indiquons pour le moment, dans cette partie consacrée à notre droit positif, les raisons par lesquelles ses partisans essaient de la justifier ; et, pour ne pas diminuer la force de ces raisons, empruntons-les au savant auteur du Traité de l'instruction criminelle : « Le droit d'ordonner l'interdiction de com- » muniquer, dit M. Faustin Hélie, tient au principe » même de l'instruction préalable. Le juge d'ins-

» truction est investi du pouvoir de prendre toutes
» les mesures qu'il croit utiles à la manifestation
» de la vérité, il sépare ou confronte les prévenus,
» il les interroge ensemble ou l'un après l'autre,
» il les réunit ou les isole momentanément,
» suivant que cette réunion ou cette séparation
» peut nuire ou ne pas nuire à ses investigations ;
» il est chargé de constater les faits incriminés,
» d'en découvrir les auteurs, d'en réunir les preu-
» ves : l'interrogatoire, la séparation des coprévenus
» leur interdiction de toute communication sont des
» moyens d'instruction qui rentrent dans le cercle
» des mesures qu'il est autorisé à prendre. Il est cer-
» tain que la détention solitaire est une aggravation
» de la détention, qu'elle apporte une restriction
» plus rigoureuse de la liberté du prévenu, une
» nouvelle entrave à sa défense. Mais la déten-
» tion elle-même indépendamment du secret, n'est-
» elle pas une entrave aux droits du citoyen, au droit
» de la défense ? Or, si cette détention, réduite à
» la simple privation de la liberté, est impuissante
» comme moyen d'instruction, si le prévenu, en
» dictant des ordres du fond de sa prison, en
» communiquant avec ses agents, en conférant avec
» ses complices, peut frapper de stérilité toutes
» les opérations judiciaires, n'y a-t-il pas lieu d'ajou-
» ter à la détention une forme qui la rende plus
» efficace ? La question de la mise au secret, comme
» celle de la détention même, est une question de
» nécessité ; nul ne conteste que cette mesure ne

» soit rigoureuse, qu'elle ne porte une double at-
» teinte à l'humanité et à la défense, en faisant
» peser sur le prévenu une souffrance et une en-
» trave ; il s'agit de savoir si l'instruction, qui est
» l'un des éléments de la justice pénale, peut
» remplir sa mission sans disposer de ce moyen, si
» le juge peut mettre avec sûreté la justice dans la
» voie de la vérité, quand le prévenu, libre d'agir,
» quoique détenu, conservera tous les moyens de
» détourner ou de rendre vaines ses investigations,
» si la libre communication avec ses alliés ne peut
» pas détruire la preuve et désarmer l'action judi-
» ciaire. Ici, comme dans toutes les mesures plus
» ou moins acerbes de l'instruction préalable, l'in-
» térêt de la justice, qui est le grand intérêt social,
» exige la suspension momentannée d'un droit
» individuel ; son seul titre est que ce sacrifice est
» une condition de son action ; il lui suffit de justi-
» fier de cette nécessité ».

§ 2. — *Historique de la mise au secret.*

La mise au secret est née en même temps que
la procédure inquisitoriale.

Consacrée par l'ordonnance de 1535 et l'ordonnance de 1670, elle fut maintenue par les lois de la
Révolution et par le Code de 1808.

Les articles 613 et 618 l'autorisent en termes
implicites.

Art. 613 : « Le juge d'instruction et le président
« des assises pourront donner respectivement *tous*

» *les ordres* qui devront être exécutés dans les mai-
» sons d'arrêt et de justice, et qu'ils croiront néces-
» saires, soit *pour l'instruction,* soit pour le juge-
» ment. »

Art. 618 : « Tout gardien qui aura refusé ou de
» montrer la personne ou de montrer *l'ordre qui le*
» *lui défend,* sera poursuivi, etc. »

§ 3. — *Par qui et dans quels cas la mise au secret peut être ordonnée.*

Elle ne peut être ordonnée que par le juge d'instruction, le président des assises, et la chambre des
mises en accusation, lorsque l'instruction se poursuit devant elle. Leur pouvoir est absolu, et la Cour
de Cassation n'exerce sur lui aucun contrôle (Cass.
10 déc. 1847).

Une circulaire ministérielle du 29 novembre 1850
constate que l'autorité administrative n'a le droit ni
d'étendre ni de restreindre les ordres donnés par
l'autorité judiciaire.

Quant aux cas d'application de la mise au secret,
la loi ne renferme à cet égard aucune prescription.
Mais tous les auteurs s'accordent à reconnaître que
cette mesure, à raison de sa rigueur et de ses dangers, est faite pour les plus graves circonstances
et que le juge doit s'en servir avec réserve et seulement dans les cas d'une nécessité réelle et absolue (1).

(1) Faustin Hélie.

Cependant ce sage conseil n'a pas toujours été suivi. Dès 1818, M. Bérenger (de la Drôme), et en 1821 M. Dupin aîné s'élevaient avec une éloquente émotion contre les nombreux abus de la pratique (1).

M. Bérenger, dans un chapitre de son ouvrage intitulé: *De la torture et du secret*, après avoir raconté un détail produit, en cour d'asssises, s'exprimait en ces termes : « Je suivais de l'œil l'impression que » recevait le public ; vous eussiez vu l'horreur et » la pitié se peindre sur tous les visages. D'illustres » étrangers, présents à cette audience, mêlaient » leur indignation à l'indignation générale. Je » rougissais pour ma patrie. » (page 394.)

Ces tristes révélations inspirèrent au ministre de la justice, M. de Serres, une excellente circulaire : « L'interdiction de communiquer, disait-il, est au- » torisée par les articles 613 et 618. L'usage en est » utile en certaines circonstances, et particulière- » ment dans les crimes commis, de concert et par » complot. L'emploi indifférent de cette mesure con- » tre tous les prévenus et sa prolongation sont telle- » ment contraires à la bonne administration de la » justice, et aux droits de l'humanité, que les juges » d'instruction n'en sauraient user avec trop de ré- » serve. Ils ne doivent l'ordonner que lorsqu'elle

(1) De la justice criminelle en France, par M. Bérenger, 1818, p. 557 et suiv. — Observations sur plusieurs points de notre Législation criminelle, par M. Dupin, 1821, p. 72 et suiv. — Voir également Servan. t. I. p. 25; — Legraverend, t. I, p. 354.

» est indispensable à la manifestation de la vérité
» et seulement dans le temps strictement néces-
» saire pour atteindre ce but. Jamais, au surplus, il
» ne doit être ajouté à la rigueur de ce moyen d'ins-
» truction, une rigueur accessoire, et le prévenu mo-
» mentanément privé de communication, doit être,
» à tout autre égard, traité comme les autres déte-
» nus. Pour mieux assurer l'observation de ces rè-
» gles, je désire que, dans les comptes hebdoma-
» daires que l'art. 127 charge les juges d'instruc-
» tion de rendre à la Chambre du Conseil, (1) ils
» aient toujours soin de faire connaître les procé-
» dures à l'occasion desquelles la défense de com-
» muniquer aurait été faite à un prévenu, pour que
» le tribunal apprécie les motifs de cette mesure
» extraordinaire, qu'il prévienne par sa surveillance
» et réprime au besoin par son autorité, tout ce qui
» serait irrégulier, injuste ou vexatoire ; et afin
» d'empêcher que ces rapports ne dégénèrent en
» une vaine formalité, vous aurez soin qu'il en soit
» adressé chaque mois, pour chaque arrondisse-
» ment, un état exact des procédures dont il aura
» ainsi été rendu au tribunal un compte provisoire,
» avec l'indication de la durée de l'interdiction de
» communiquer, de l'époque où elle aura cessé,
» et des raisons qui auront déterminé à la pres-

(1) C'est à la Chambre d'accusation, et non pas à la Chambre du
Conseil, que ce droit de surveillance aurait dû être attribué. La
Chambre du Conseil, avant la loi de 1833, n'exerçait aucun contrôle
sur les actes que le juge d'instruction ordonnait.

» crire ou à la prolonger. » (Circ. du 10 février 1849.)

Malgré ces instructions, les abus subsistèrent, cachés le plus souvent, mais signalés parfois par des faits et des récits que l'opinion publique ne pouvait apprendre sans frémir. En 1861, par exemple, c'est la femme Gardin : accusée d'un parricide qu'elle n'a pas commis, mise au secret, enfouie dans un horrible cachot, vaincue par les souffrances physiques et morales, elle balbutie, pour sortir de cet affreux état, l'aveu mensonger que l'instruction lui demande ! Plus tard, devant la cour d'assises du Nord, elle retire cet aveu, elle montre les tortures qui le lui ont arraché. Vains efforts ! L'accusation triomphe ; et l'accusée est condamnée aux travaux forcés à perpétuité, jusqu'au jour où des révélations postérieures font éclater son innocence ! Quelle douloureuse émotion dans le public, lorsqu'il connut cette fatale erreur de la justice ! Mais la pratique était invétérée ; et, l'année suivante, en 1862, on pouvait lire dans un *manuel des juges d'instruction : « la mise au secret est le le-* » *vier le plus puissant pour enlever un aveu.* »

Ce qui rend cette pratique plus dangereuse encore, c'est le pouvoir discrétionnaire que, dans une matière aussi grave, dans une mesure aussi rigoureuse, le législateur a cru devoir laisser au juge d'instruction. Nous croyons, en effet, bien que l'opinion contraire soit professée par M. Faustin-Hélie, que le prévenu n'a pas le droit de former un recours contre l'ordonnance qui porte interdiction de communiquer. Nous n'insistons pas sur cette question, car nous retrouverions les mêmes arguments de texte que nous avons déjà développés pour montrer que le prévenu ne peut pas former opposition contre le mandat décerné contre lui (Art. 135.)

Il est vrai que, d'après la loi de 1865, la mise au secret n'a plus une durée illimitée : elle ne peut être prononcée que pour dix jours.

Mais cette restriction nous paraît être insuffisante, et même illusoire ; car le juge d'instruction peut renouveler l'ordonnance de mise au secret, et il conserve à cet égard un pouvoir discrétionnaire.

Dans la discussion de la loi de 1865, un amendement avait été proposé en vue de réduire à vingt jours la durée maximum de la mise au secret (1) M. Seneca combattit avec beaucoup de force le projet de la commission. « Pourra-t-elle, disait-il, être renouvelée une fois? Pourra-t-elle être renouvelée plusieurs fois? La disposition ne le dit pas. Je voudrais que la loi le dît, et j'avoue qu'à cet égard je ne me contenterais même pas d'une interprétation qui serait donnée ici, et qui pourrait trouver des contradictions devant les tribunaux et devant la Cour de cassation ; car, en définitive, c'est le texte de la loi qui est la loi, et ce n'est pas une interprétation donnée en dehors de la loi. Si c'est une équivoque,

<hr>

(1) Séance du 28 juin 1865; *Moniteur* du 29, p. 929.

je la trouve déplorable. Voulez-vous que ce soit vingt jours seulement, ou ce que ce soit davantage ? si vous ne vous expliquez pas dans la loi, si vous ne dites pas qu'après vingt jours, le droit du juge d'instruction cessera et le droit du prévenu naîtra, dans quelle position le juge va-t-il se trouver ? »

Cet amendement fut rejeté par la raison que la loi ne peut ni déterminer l'étendue ni limiter la durée de l'interdiction de communiquer, et qu'elle doit laisser au juge un pouvoir d'appréciation ; car, en pareille matière, tout dépend des circonstances. C'est aller trop loin ; nous le démontrerons sans peine, et nous verrons que les plus libérales parmi les législations étrangères n'ont pas hésité à fixer une durée maximum de la mise au secret.

Mais il est un point sur lequel nous sommes, du moins, d'accord avec la Commission de 1865 et avec la disposition qui fut votée. Un jurisconsulte avait proposé de limiter les cas dans lesquels l'interdiction de communiquer serait permise (1). Toute énumération serait incomplète, et par suite dangereuse. Si grande est la variété des circonstances que le législateur ne saurait tracer aucune règle au juge d'instruction ; et que, s'il se résigne à admettre le principe de la mise au secret, il doit laisser à la sagacité et à la conscience du juge le soin de distinguer les affaires où cette mesure est nécessaire.

(1) Eyssautier, *Quelques réflexions sur la détention préventive, la mise au secret etc.*, p. 138.

CHAPITRE III

DE LA MISE EN LIBERTÉ PROVISOIRE

§ 1. — *De la mise en liberté provisoire ; — quel est le caractère et le but du cautionnement.*

La détention préventive est nécessaire, mais rigoureuse puisqu'elle s'applique à un individu non déclaré coupable. Aussi faut-il la restreindre au cas d'une absolue nécessité. Si elle est reconnue inutile, si elle peut, sans danger pour la répression, être remplacée par une autre garantie, elle doit être écartée.

Est-il donc possible de trouver une mesure équivalente, qui réponde au but essentiel de la détention préventive : empêcher la fuite de l'inculpé ? On a songé à le retenir, sans le mettre en détention, par le moyen du cautionnement. On lui accorde une liberté provisoire, mais à la charge de se représenter à toute réquisition, et notamment le jour du jugement. Comme garantie de cette obligation, on exige de lui un cautionnement, qu'on lui restitue, s'il se présente, après son acquittement ou sa condamnation, mais que l'on retient s'il prend la fuite. Ce cautionnement a donc pour effet de créer entre le prévenu et la justice un lien d'intérêt capable de

remplacer efficacement la contrainte personnelle ;
« il est destiné, dit M. Faustin Hélie, à suppléer à la
» sûreté de la détention par le gage qu'il apporte. »

§ 2. — *Historique de la liberté provisoire.*

La mise en liberté provisoire sous caution, tempérament nécessaire de la détention préventive, se retrouve à peu près dans toutes les législations, même les plus anciennes.

Elle existait à Athènes (1), à Rome, chez les Germains, chez les Francs, avec des règles si libérales que nous en sommes étonnés, lorsque nous les comparons aux dispositions souvent étroites de notre code.

Elle fut dans la Gaule, durant plusieurs siècle, tantôt un usage, tantôt un droit.

Mais, avec la procédure secrète, lorsque l'accusé comparut et fut confronté à huis clos avec les témoins, son concours et sa présence devinrent nécessaires à chacun des actes de l'instruction. Dès lors, la liberté d'être provisoire cessa d'être le droit commun pour former une exception. « Elle fut limitée
» par l'ordonnance de 1539 aux matières de petite
» importance et non sujettes à confrontation. »
(art. 150).

Ce n'est qu'à la fin du XVI° siècle que nous la voyons s'étendre grâce aux efforts des légistes et de

(1) Démosthène, *Discours contre Timocrate* ; Platon, *Des lois,* liv. IX.

la jurisprudence. A cette époque, elle n'était refu_
sée qu'au délit emportant condamnation à une peine
corporelle. Toutes les fois que l'inculpé était seulement passible d'une peine pécuniaire, si élevée
qu'elle fût, il devait être mis en liberté sous caution.
La même règle s'appliquait au délit qui entraînait
la peine du fouet, du bannissement ou de l'exil.

Peu à peu cette règle s'étendit. La peine d'emprisonnement elle même cessa d'être un obstacle à la
liberté provisoire dans le cas d'un délit léger, ou
même d'un délit grave si les preuves contre l'in_
culpé étaient faibles ou incertaines. Les nobles à raison de leur qualité, et les pauvres parce qu'ils ne
pouvaient pas trouver une caution, furent admis à
l'élargissement à la seule condition de promettre
par serment de se représenter. Et plus tard l'usage
s'établit d'assigner à tout accusé pour prison la ville
ou la maison qu'il habitait.

L'ordonnance de 1670 ne parlait pas de la liberté
provisoire sous caution. Mais elle permettait, dans
certains cas, « l'élargissement des accusés par pro-
» vision et sans caution. » (Tit. II, art. 10.)

Tous les accusés non frappés par un décret de
prise de corps étaient immédiatement élargis après
leur interrogatoire. Ceux-là même qui en avaient
été frappés pouvaient obtenir cette faveur, s'ils prê-
taient serment de se représenter à toute réquisition.
Le juge avait la faculté de leur assigner comme domicile nécessaire le lieu de sa juridiction, et même
de les placer sous la garde d'un huissier.

La législation de 1791 supprima ces dispositions, fit revivre la liberté provisoire sous caution et restreignit la détention préventive. En matière correctionnelle, le prévenu était laissé libre. Quant à l'accusé d'un crime, s'il n'était passible que d'une peine infamante, il pouvait être mis en liberté provisoire à la charge de fournir caution « auquel cas il était » laissé à la garde de ses amis qui l'avaient cautionné. »

Sous le Code de brumaire et sous la loi de thermidor an IV, la nécessité du cautionnement fut étendue même au cas d'un délit correctionnel, et ce bénéfice de la liberté provisoire fut refusé « aux » gens sans aveu et aux vagabonds. »

§ 3. — *De la liberté provisoire sous le Code d'instruction criminelle et sous les lois postérieures au Code. — A quelles personnes est accordé le bénéfice de la liberté provisoire.*

Le Code de 1808, placé en présence de ces variations et de ces diversités, adopta un système intermédiaire. Mais, avant d'exposer ce système et pour le bien comprendre, il importe de poser les principes essentiels qui doivent diriger le législateur en pareille matière.

La liberté provisoire, étant destinée à remplacer la garantie qui résulte de la détention préventive, ne peut évidemment se présenter que dans le cas où il y a lieu d'appliquer cette détention. Par conséquent, si la peine encourue est simplement pécuniaire, la liberté sous caution est un droit pour l'inculpé. La liberté provisoire sous caution n'est jamais accordée que dans le cas d'un crime ou d'un délit entraînant la peine de l'emprisonnement.

Fallait-il, pour la concession de la liberté provisoire à ces accusés de crimes ou prévenus de délit, donner au juge un pouvoir sans limites, lui laisser la faculté de tenir compte, sous la responsabilité de sa conscience, des antécédents, de la situation personnelle, de la valeur morale, et des éléments divers que chaque inculpé peut offrir ? Fallait-il, au contraire, poser des règles fixes, et reconnaître à l'inculpé un droit absolu, entouré de garanties et s'imposant au magistrat ?

Entre ces deux situations extrêmes, le législateur de 1808 a pris un parti mixte. En matière de délit il concède au juge un pouvoir, et le lui retire en matière criminelle ; il lui indique les catégories d'inculpés auxquels la loi refuse toute confiance ; il restreint son action à des cas déterminés, et lui interdit dans tous les autres cas d'accorder la liberté provisoire sous caution.

Tel était le système des articles 113 et 114 du Code d'instruction criminelle.

Art. 113 : « La liberté provisoire ne pourra jamais être accordée aux prévenus lorsque le titre » de l'accusation emportera une peine afflictive ou » infamante. »

Art. 114 : « Si le fait n'emporte pas une peine
» afflictive ou infamante, la chambre du conseil (1)
» pourra sur la demande du prévenu et sur les con-
» clusions du procureur impérial, ordonner que le
» prévenu sera mis provisoirement en liberté,
» moyennant caution solvable de se représenter à
» tous les actes de la procédure, et pour l'exécution
» du jugement, aussitôt qu'il en sera requis. »

Ainsi le prévenu d'un délit pouvait obtenir, à la
charge de fournir caution, le bénéfice de la liberté
provisoire, mais l'accusé d'un crime ne le pouvait
jamais.

Pourquoi cette distinction? M. Treilhard, dans
l'exposé des motifs, en a donné la raison suivante :
« C'est surtout dans ces occasions (en matière crimi-
» nelle) que l'exemple de la peine infligée est utile à
» la société ; et si l'on admettait ici des libertés pro-
» visoires sous caution, il serait bien à craindre que
» les hommes opulents ne trouvassent toujours le
» moyen de se soustraire à l'application des peines
» qu'ils paraissent cependant mériter plus que les
» autres parce que, jouissant de tous les avantages
» de la société, ils étaient plus fortement obligés à
» ne pas en troubler l'harmonie. »

Cette considération nous semble étroite. Disons
plutôt que la gravité du crime, outre qu'elle rend
l'inculpé indigne d'une pareille faveur, doit mettre

---

(1) En effet, sous l'empire du Code, c'est la Chambre du conseil,
et non pas le juge d'instruction qui avait le pouvoir d'accorder la liberté provisoire. C'est un point sur lequel nous reviendrons plus tard.

la justice en défiance contre lui. Mais cette raison elle-même, nous le reconnaissons, n'est pas absolument satisfaisante ; car il y a des crimes qui sont moins graves, au point de vue de la morale, que certaines infractions punies comme un délit.

Puisque la liberté provisoire dépendait de la qualification du fait incriminé, il est nécessaire de préciser le moment où devait s'apprécier la nature de ce fait. Suivant nous, c'est le moment où l'inculpé demande sa liberté provisoire. Le juge d'instruction, en effet, n'est pas tenu d'accepter la qualification donnée au fait par le ministère public ou la partie civile. C'est à lui qu'il appartient de le qualifier librement et sans contrôle. D'ailleurs, au cours de l'instruction, la nature du fait peut varier : c'est un délit qui devient un crime, ou un crime qui se change en délit, à mesure que des révélations nouvelles se produisent, et que les charges apparaissent et se confirment avec un caractère de gravité plus ou moins grande (1).

Le code d'instruction criminelle écartait du bénéfice de la liberté provisoire, alors même que le fait n'emportait qu'une peine correctionnelle, trois catégories de prévenus :

Les *vagabonds* « 1° les vagabonds ne pourront » en aucun cas être mis en liberté provisoire ». (Art. 113). Aux termes de l'art. 270 du code pénal, les vagabonds sont ceux qui n'ont ni do-

______

(1) V. Faustin Hélie, t. V, p. 813.

micile certain, ni moyens de subsistance, et qui n'exercent habituellement ni métier ni profession. C'est là une question de fait dont l'appréciation appartient à la juridiction qui accorde la liberté provisoire. Celle-ci peut décider d'après les circonstances que le prévenu, même non condamné comme vagabond, est en état de vagabondage ; et à l'inverse, elle pourrait accorder le bénéfice de la liberté provisoire, alors même que le prévenu aurait antérieurement subi une condamnation pour délit de vagabondage, s'il avait acquis, depuis le jour de cette condamnation, un domicile, des moyens de subsistances, une profession, en un mot les garanties exigées par les articles 115 Inst. Crim. et 270 I. P. combinés (1).

2° Les repris de justice : « Les repris de justice ne » pourront en aucun cas être mis en liberté provi- » soire. » Le sens de ce mot nous est donné par la tradition, sinon par la loi pénale. Dans l'ancien droit, n'étaient considérés comme repris de justice que les individus déjà condamnés à une peine afflictive ou infamante (2). La doctrine et la jurisprudence ont suivi cette tradition : « Attendu, dit la cour de cassation, que » sous l'empire de la législation antérieure à 1789, » l'on ne considérait comme repris de justice que » les individus condamnés à des peines afflictives

(1) Voir dans ce sens Faustin Hélie ; Mangin, n° 115.
(2) Décl. des 4 mars 1724 et 5 fér. 1731 ; — Serpillon, t. I. p. 180, 181 ; — Jousse, t. IV, p. 320.

» ou infamantes ; que si les lois nouvelles ont
» modifié la classification des peines, on n'en
» trouve aucune qui ait défini les mots de repris
» de justice et leur ait donné une signification dif-
» férente ; qu'il y a donc nécessité légale de les
» entendre comme on les entendait anciennement ;
» qu'en fait, le prévenu n'a été condamné qu'à des
» peines correctionnelles, et pour des faits autres
» que le vagabondage ; d'où il suit qu'en lui accor-
» dant sa liberté provisoire sous caution, la cour de
» Paris n'a point violé l'art. 115 (1). »

3° *Les prévenus qui ont laissé contraindre leur caution :* « Le prévenu qui aura laissé contraindre
» sa caution au paiement, ne sera plus à l'avenir
» recevable en aucun cas à demander de nouveau sa
» liberté provisoire moyennant caution. »

Dans ces trois cas, c'est une raison d'indignité ou de défiance qui a conduit le législateur à exclure certains prévenus du bénéfice de la liberté provisoire.

Les dispositions du Code de 1808 furent appliquées sans rigueur ; et nous allons assister à une série de tentatives ou d'actes législatifs, qui ont eu pour résultat d'en étendre le bénéfice.

La circulaire de M. de Serres, dont nous avons déjà parlé, prescrivait au juge, en matière correctionnelle, d'user de son pouvoir avec modération.

(1) Cass. 26 mai 1833, Bull. n. 113 ; — Conf. Limoges, 24 oct. 1837 et Paris, 27 avril 1833, J. P; p. 1833, t. I, p. 45 et 317.—Carnot, t. I, p. 132 ; — Legraverend, t. I, p. 359 ; Bourguignon, t. I, p. 218.

« Dans les cas rares où l'arrestation du prévenu,
» même de simple délit a été jugée nécessaire, tels
» que ceux où sa liberté menace la société, et ceux
» où la justice doit rechercher ses complices, la loi
» laisse encore au prévenu la ressource d'obtenir la
» mise en liberté provisoire sous caution : elle doit
» lui être accordée toutes les fois que cette caution
» est une garantie suffisante pour la société, et que
» la mise en liberté ne peut plus alarmer la sûreté
» publique ni empêcher la découverte des fauteurs
» du délit. Telles sont les principales règles des ma-
» gistrats préposés à la défense de la paix et des
» mœurs publiques, des droits et des propriétés de
» tous ; ils doivent n'oublier jamais qu'un de ces
» droits les plus chers, une de ces propriétés les
» plus précieuses, est la liberté individuelle ; que,
» sous la charte qui la garantit, elle ne doit éprou-
» ver ni redouter aucune atteinte ; que « personne »,
» pour parler le langage de la charte, « ne peut
» être poursuivi ni arrêté que dans les cas prévus par
» la loi et dans les formes qu'elle a prescrites ; et
» qu'alors même qu'il est indispensable de déployer
» la sévérité des lois, il faut la concilier avec les
» droits de l'humanité. »

La cour de cassation alla même beaucoup loin.
Par quatre arrêts successifs, elle jugea que le mot
« *pourra* » contenu dans l'article 114, avait été employé par le législateur afin d'indiquer le changement de compétence introduit à cet égard par le
Code de 1808 ; que celui-ci avait accordé à la

chambre du conseil le droit qui appartenait auparavant au directeur du jury ; mais que, sous l'empire du Code comme sous les lois précédentes, la liberté provisoire sous caution était un droit pour le prévenu de délit (1).

Mais cette interprétation, très libérale assurément, ne respectait ni le texte de la loi, ni la pensée du législateur révélée par les travaux préparatoires. Aussi la cour de cassation, par un arrêt du 23 février 1841, abandonna sa doctrine, à laquelle du reste, tous les auteurs et la plupart des cours d'appel avaient constamment résisté (2).

Mais le système du Code soulevait depuis longtemps d'amères critiques ; on l'accusait de ne pas accorder à la liberté individuelle toutes les garanties nécessaires ; et en 1842, pour donner satisfaction à ces réclamations, le gouvernement présenta à la Chambre des députés un projet de loi qui modifiait sensiblement les dispositions du Code d'instruction criminelle, en rendant obligatoire, sur leur demande, la liberté provisoire des prévenus de délit, sauf pourtant dans certains cas assez nom-

(1) 21 avril 1837 ; 13 juillet 1837 ; — 17 mars. et 17 juillet 1811.

(2) Bérenger. Just. crim., p. 466 ; — Legraverend, t. I, p. 313 ; — Rauter, t. II, p. 318 ; — Dupin, op. cit. p. 64 ; — Schenck, minist. public, t. II, p. 451 ; — Duverger, Manuel du juge d'instr., t. II, p. 454.

Colmar 13 sept. 1837 ; — Limoges, 24 oct. 1837 ; — Caen, 23 mars 1838 ; — Paris 20 avril 1838 ; — Orléans, 7 déc. 1839 ; — Toulouse, 19 Avril 1811 ; — Orléans, 10 Mai 1813 ; — Cass. crim. rej. 23 Mai 1847.

breux. Ce projet, adopté par la Chambre des députés, fut, après un rapport favorable et l'adoption
successive de tous les articles, rejeté au vote d'ensemble par la Chambre des Pairs.

Tel était l'état des choses, lorsque la loi du 14
juillet 1865 vint modifier profondément cette matière, et réaliser des innovations importantes et désirables.

D'après cette loi, insérée dans les articles 112 et
suivants du Code d'instruction criminelle, la mise
en liberté provisoire sous caution est tantôt facul-
tive, tantôt obligatoire pour le juge.

En matière criminelle, le juge peut l'accorder,
sur la demande de l'inculpé, et après avoir entendu
les conclusions du ministère public. C'est une différence avec le Code de 1808, qui interdisait au
juge d'accorder la liberté provisoire aux accusés
d'un crime.

M. F. Hélie critique cette première disposition
de la loi de 1865. Suivant lui, les accusés d'un
crime entraînant une peine capitale, les travaux
forcés à perpétuité ou à temps, ne devraient jamais
bénéficier de la liberté provisoire. Il reconnaît cependant que cette liberté pourrait être juste pour
les crimes *minoris gradus* comportant les peines de
la réclusion, du bannissement ou de la dégrada-
tion civique (1).

Mais cette critique de la loi de 1865 nous paraît
inexacte. Nous approuvons sans réserve la faculté

(1) T. 3. p. 833.

laissée au juge à l'égard de tous les crimes qui, par suite de l'admission des circonstances atténuantes, sont ramenés aux proportions d'un simple délit, atténuation qui est facilement prévue au cours de l'instruction préparatoire par un magistrat expérimenté. Même pour les peines perpétuelles ou la peine de mort, malgré la gravité de la qualification, les indices peuvent être faibles au début, et justifier très peu la détention préventive. Peut-être aussi le crime est-il excusable (art. 236 C. Pen.) Est-ce que dans tous ces cas, que l'on pourrait multiplier, la liberté provisoire n'est pas une mesure équitable, si l'accusé offre des garanties suffisantes, et s'il est possible grâce au cautionnement de l'empêcher de fuir ?

En matière correctionnelle, le Code laissait au juge un pouvoir discrétionnaire. Mais ce pouvoir avait été vivement critiqué. Il ne faut pas, disait-on, laisser à la discrétion du juge une question de droit public et de liberté individuelle. Il s'agit de fixer la limite où s'arrêtent les droits de l'individu, et où commencent ceux de la société ; c'est un problème d'intérêt général qui appelle une solution législative. La loi doit créer des catégories nettement définies. Si elle s'en remet à l'appréciation du juge, quelle dureté à certains jours, et quelle faiblesse à d'autres moments ! Quel contraste fâcheux dans les décisions ! Il faut, concluaient les partisans de la réforme, faire de la liberté provisoire sous caution un droit pour tous les prévenus de délit. Une pareille dispo-

sition ne présente aucun danger ; car, pour la grande
majorité des délits, alors surtout que le prévenu est
exposé à perdre son cautionnement, sa fuite n'est
pas à craindre (1).

Mais cette opinion rencontra, dans les débats du
Corps législatif, des adversaires convaincus. Les
mesures d'instruction, disaient-ils, doivent différer
suivant la gravité des délits, et il est impossible d'établir une règle uniforme pour tous les inculpés. En
voulant établir l'unité, on introduira l'inégalité la
plus révoltante ; autour de tel prévenu, il importe
de multiplier les précautions ; pour tel autre, au contraire, la garantie du cautionnement est à peine
nécessaire. Pas de règles générales et immuables :
elles sont impuissantes et dangereuses. Il faut examiner, dans chaque prévention, les exigences de la
justice, la gravité des faits, la position de l'inculpé,
sa valeur morale et les garanties qu'il présente.
C'est une appréciation individuelle ; c'est l'office du
juge plutôt que de la loi (2). Sans doute, il n'est pas
bon de laisser au juge un arbitraire absolu ! Mais
est-il impossible, tantôt de lui imposer un devoir,
tantôt de lui reconnaître une faculté ; de poser des
exceptions à côté de la règle, et de concilier par un
système intermédiaire les intérêts de l'inculpé et
ceux de la justice (3).

(1) V. Discours de MM. Arnaud, Marie, Jules Favre et Picard, dans
la discussion du projet de loi au Corps législatif.

(2) Faustin Hélie, t. V, p. 151.

(3) Seneca, trar. prép. ; — Voir Dutrue, Code de la dét. prév.

La lutte fut très vive, et aboutit à des transactions plus ou moins heureuses. L'article 113 fut ainsi rédigé : « En matière correctionnelle, la mise en » liberté sera de droit cinq jours après l'interro-» gatoire. »

Mais le système de la loi de 1865 n'est pas aussi absolu qu'on pourrait le croire. La mise en liberté provisoire n'est pas toujours un droit en matière correctionnelle ; pour que le prévenu puisse la revendiquer comme un droit, plusieurs conditions sont exigées et doivent se trouver réunies.

Remarquons d'abord que la liberté provisoire n'est un droit que cinq jours après l'interrogatoire de l'inculpé (1). Il s'agit ici du premier interrogatoire, de celui qui a lieu immédiatement quand le juge a délivré un mandat de comparution, ou dans les 24 heures lorsqu'il a décerné un mandat d'amener.

M. Marie, dans la séance du 29 mai 1865 (2), critiqua la durée de ce délai de cinq jours. Il est trop considérable, disait-il, si l'inculpé est arrêté au lieu de sa naissance, car en pareil cas un délai de 24 ou de 48 heures suffirait au juge pour recueillir ses antécédents judiciaires ; il est, au contraire, trop restreint, si le prévenu est né, ou s'il a son domicile à une grande distance du lieu de son arrestation.

(1) Ce délai est destiné à permettre au juge de constater la situation du prévenu, et de s'assurer s'il a droit ou s'il n'a pas droit à la liberté provisoire.

(2) *Moniteur* du 30 mai 1865, p. 697.

Nous ne croyons pas que ces critiques soient fondées. Il eut été dangereux de ne pas imposer un délai au juge d'instruction et de lui laisser ainsi le pouvoir de retarder à son gré la mise en liberté provisoire. Quant au délai de cinq jours, il suffira toujours au juge, grâce à l'emploi du télégraphe pour faire toutes les recherches nécessaires ; d'autant plus que le juge, avant de lancer un mandat, a déjà procédé à un commencement d'information, et qu'il a pris des renseignements sur le compte de l'inculpé et sur la nature de l'affaire. D'un autre côté, ce délai n'est pas excessif, car les recherches sont parfois nombreuses et délicates ; et il ne cause pas à l'inculpé un grave préjudice ; car le juge a la faculté, s'il s'aperçoit avant l'expiration des cinq jours que le prévenu se trouve dans les conditions requises pour le bénéfice de la liberté provisoire, de lui accorder immédiatement ce bénéfice et sans attendre l'expiration du délai.

Cette nécessité du délai de cinq jours n'est pas la seule condition à la mise en liberté du prévenu de délit. Il faut en outre :

1° Que le maximum de la peine soit inférieur à deux années d'emprisonnement. Comme nous l'avons démontré, c'est au juge d'instruction qu'il appartient d'apprécier la nature du délit, et par suite de déterminer la peine applicable, au moment où la berté provisoire est demandée.

2° Que l'inculpé ait un domicile : non pas un domicile établi conformément aux dispositions du

Code civil, mais au moins une résidence habituelle,
et régulière, alors même qu'elle ne serait pas située
dans le ressort du Tribunal où la poursuite est
exercée. Tout ce que la loi désire, c'est que la situation de l'inculpé garantisse suffisamment sa
représentation ; c'est une question de fait laissée à
l'appréciation du juge.

3° D'après la fin de l'art. 113, la disposition qui
» précède (c'est-à-dire le bénéfice de la liberté
» provisoire) ne s'appliquera ni aux prévenus déjà
» condamnés pour crime, ni à ceux déjà condam-
» nés à un emprisonnement de plus d'une année.

Nous pensons que la lettre même du texte exclut
tous les individus déjà condamnés pour crime, alors
même que, par application des circonstances atténuantes, la durée de leur peine n'a pas été supérieure à une année d'emprisonnement. C'est la
doctrine généralement adoptée (1). Elle est
confirmée d'ailleurs par une circulaire ministérielle du 14 octobre 1865, dans laquelle il est
dit qu' « *une peine quelconque antérieurement*
» *encourue pour crime*, ou qu'un emprisonnement
» de plus d'un an pour délit, rendent le détenu
» indigne de cette faveur. »

En l'absence de l'une des conditions requises
pour que le prévenu puisse réclamer comme un
droit la liberté provisoire, le juge conserve néanmoins la faculté de l'accorder (Art. 13, 1er alinéa).

____

(1) Faustin Hélie ; Morin, *Journal du Droit criminel*, p. 301

7

Le législateur a cru devoir s'en rapporter à sa sagesse au lieu de lui imposer des règles inflexibles. Il a pensé que la détention préventive est une question de fait, variable suivant les circonstances, et qu'il est impossible de tout régler et de tout préciser à l'avance. Elle sera parfois, pour un prévenu de délit, beaucoup plus nécessaire que pour un accusé de crime (1).

Lorsque le prévenu réclame sa liberté provisoire comme un droit, il n'est pas tenu, pour en bénéficier, de fournir un cautionnement. Disposition très logique : car, en pareil cas, la liberté provisoire étant justifiée par le peu de gravité du fait incriminé et par les garanties morales que le prévenu présente, il n'y a pas de raison pour exiger en outre la garantie du cautionnement. D'ailleurs, si on exigeait cette garantie d'un prévenu indigent, on rendrait impossible l'exercice de son droit.

Mais la loi de 1865 est allée plus loin encore dans l'article 113 : Même si la liberté provisoire est facultative de la part du juge d'instruction, celui-ci peut l'accorder sans cautionnement. Il n'usera pas souvent, il est vrai, de cette latitude ; mais nous pensons que le législateur a eu raison de la lui laisser pour le cas où la personne de l'inculpé, sa moralité, ses antécédents, sa situation pécuniaire, rendraient inutile la garantie du cautionnement.

(1) Voir l'exposé des motifs de la loi de 1865. Nous ne faisons qu'indiquer les raisons qui ont déterminé le législateur ; nous les discuterons plus loin.

§ 4. — *Du cautionnement.*

La fixation du cautionnement est peut-être le point le plus important et le plus délicat de la matière. Le cautionnement, en effet, est la garantie exigée du détenu en échange de la liberté provisoire ; et c'est l'appréciation de cette garantie qui peut rendre la loi bienfaisante ou oppressive.

Le but du cautionnement, c'est de retenir l'inculpé, c'est de l'empêcher de fuir. Son chiffre doit être, par conséquent, plus ou moins élevé selon que la fuite de l'inculpé est plus ou moins à craindre. D'autre part, si le chiffre est trop considérable, les riches seuls auront le bénéfice de la liberté provisoire, elle sera inaccessible aux pauvres, c'est-à-dire à ceux qui ont le plus besoin de l'obtenir, parce qu'ils ont le plus besoin de travailler pour faire vivre leur famille. « L'égalité de la somme, dit M. Faustin Hélie, conduit directement à l'inégalité de la loi ; elle crée parmi les prévenus des classes qu'elle admet à participer à son bienfait et des classes qu'elle en éloigne. Le cautionnement est inaccessible pour les uns et inefficace pour les autres. »

La conséquence de ces deux idées, c'est que le cautionnement ne doit pas avoir une base fixe et invariable, c'est qu'il ne doit pas être limité par un maximum et par un minimum. C'est au juge qu'il appartient de le fixer librement d'après la gravité du délit, la personne de l'inculpé, ses antécédents, sa moralité, sa profession, sa fortune, d'après les charges qui existent contre lui, les liens qui le retiennent dans sa famille, et l'intérêt qu'il peut avoir à ne pas sacrifier la somme déposée à titre de cautionnement.

Le code de 1808 avait méconnu ces idées fondamentales.

L'article 119 établissait un maximum et un minimum. Le minimum était de 600 fr.; le maximum variait suivant les conséquences du crime ou du délit. Si l'infraction n'avait pas donné lieu à un dommage civil, le cautionnement ne pouvait pas dépasser le double de l'amende; si l'infraction, au contraire, avait causé un dommage civil appréciable en argent, le cautionnement était du triple de la valeur du dommage.

Le décret du 23 mars 1848 a fait disparaître le minimum, mais il a maintenu le maximum. La loi du 14 juillet 1865 a complété la réforme en supprimant le maximum lui-même; désormais la fixation du cautionnement est absolument libre pour le juge.

D'autres innovations, non moins importantes, et relatives au cautionnement, ont été réalisées par la loi du 14 juillet 1865.

Sous l'empire du code, le cautionnement garantissait : 1° le paiement des réparations civiles et des frais avancés par la partie civile; 2° les amendes; 3° la représentation de l'inculpé à tous les actes de la procédure et pour l'exécution du jugement.

Le législateur s'était placé à un point de vue inexact. Le cautionnement n'est au fond que l'arrestation de la fortune substituée à l'arrestation de la personne. Or, la détention préventive ne peut se justifier que si elle est mise au service d'un intérêt public. Appliquée pour garantir un intérêt privé, elle est excessive ; c'est la contrainte par corps préventive accordée à une créance incertaine dans dans son principe et sa quotité(1).

Depuis la loi de 1865 le cautionnement ne garantit plus le paiement des réparations pécuniaires qui pourront être dues à la partie civile.

La nouvelle loi a modifié en outre la nature du cautionnement, et par ce moyen elle l'a beaucoup facilité. Sous le Code, le cautionnement pouvait consister, soit dans le dépôt d'une somme d'argent effectué par un tiers ou par le prévenu, soit dans un engagement pris par un tiers ou par le prévenu. Mais cet engagement devait être accompagné d'une garantie immobilière ; la caution ou le prévenu devaient justifier de leur solvabilité par des immeubles leur appartenant et libres de la valeur du cautionnement et d'une moitié en sus (Art. 117). Le minis_tère public et la partie civile étaient admis à discuter cette solvabilité. Formalités longues et nombreuses, qui rendaient presque impraticable le second mode de cautionnement.

(1) Exposé des motifs de la loi de 1865.

La loi de 1865, imitant la législation anglaise, a décidé que le tiers prenant l'engagement de faire représenter l'inculpé à toute réquisition de justice n'aurait pas besoin de fournir une garantie immobilière.

§ 5. — *Comment est accordée la liberté provisoire, et comment prend-elle fin?*

Il n'y a lieu à une demande de liberté provisoire que si la liberté n'est pas un droit pour le prévenu. Lorsqu'elle est un droit, le juge d'instruction doit la prononcer d'office et sans attendre la demande de l'inculpé.

La mise en liberté provisoire peut être demandée en tout état de cause. La demande est portée devant la juridiction saisie de l'affaire au moment où elle est introduite : devant le juge d'instruction, devant le tribunal correctionnel, la Cour d'appel ou la Chambre des mises en accusation. Lorsque le prévenu, pour rendre son pourvoi admissible, conformément à l'article 421, veut réclamer sa liberté provisoire, il adresse sa demande au tribunal ou à la Cour qui a prononcé la peine (Art. 116).

La Cour d'assises de la Somme s'est reconnu le droit d'ordonner la mise en liberté provisoire en renvoyant l'affaire à une autre session. Mais son arrêt, en date du 16 janvier 1872, a été cassé par la Cour suprême, le 1er juillet 1872 (1).

(1) Journal de Droit crim., art. 9397.

La demande de liberté provisoire doit être communiquée au ministère public et à la partie civile (Art. 118).

Le ministère public donne ses conclusions. Mais il n'est pas nécessaire que ces conclusions soient favorables pour que la liberté provisoire puisse être accordée ; c'est un débat entre le ministère public et le prévenu ; le juge statue comme il l'entend, il fait un acte de juridiction.

Quant à la partie civile, elle jouit d'un délai de 24 heures pour présenter ses observations écrites. Elle peut néanmoins intervenir, bien que la notification ne lui ait pas été faite, devant la juridiction saisie de la demande. Mais, à défaut de cette intervention, elle perd la faculté de former opposition à la décision qui a fixé sans son concours le montant du cautionnement (1).

Les causes qui font perdre à l'inculpé le bénéfice de la liberté provisoire sont :

1° La découverte de circonstances nouvelles et graves : « La mise en liberté provisoire aura lieu » sans préjudice du droit que conserve le juge » d'instruction, dans la suite de l'information, de » décerner un nouveau mandat d'amener, d'arrêt » ou de dépôt, si des circonstances nouvelles et » graves rendent cette mesure nécessaire (Art. 115). » Cependant, si la liberté provisoire avait été accor-

(1) Mangin, t. 1, n° 131 — Dutrue, Code de la dét. prév., n° 95, p. 96.

dée par la chambre des mises en accusation réformant l'ordonnance du juge d'instruction, celui-ci ne pourrait décerner un mandat qu'autant que la Cour, sur les réquisitions du ministère public, aurait retiré à l'inculpé le bénéfice de sa décision.

2° Le défaut de comparution de l'inculpé : « Si, » après avoir obtenu sa liberté provisoire, l'inculpé » cité ou ajourné ne comparaît pas, le juge d'ins- » truction, le tribunal ou la Cour, selon les cas, » pourront décerner contre lui un mandat d'arrêt » ou de dépôt, ou une ordonnance de prise de « corps. (Art. 125) »

3° L'ordonnance de prise de corps contenue dans l'arrêt de la chambre des mises en accusation. « L'inculpé renvoyé devant la Cour d'assises » sera mis en état d'arrestation, en vertu de l'or- » donnance de prise de corps contenue dans l'arrêt » de la chambre des mises en accusation, nonobs- » tant la mise en liberté provisoire (Art. 126). » Par cette disposition, le législateur de 1865 a pris parti contre un amendement qui avait été présenté lors de la discussion de la loi du 4 avril 1865, relative à la mainlevée du mandat de dépôt. Cet amendement avait pour but de reconnaître à la chambre d'accusation, lorsqu'elle décerne l'ordonnance de prise de corps, *le pouvoir d'en suspendre l'exécution jusqu'au huitième jour qui précéderait l'ouverture des assises.*

§ 6. — *Des voies de recours accordées à l'inculpé.*

Le Code de 1808 était resté muet sur les voies de recours contre les décisions relatives à la liberté provisoire. Mais la Cour de cassation décida que, la loi n'ayant pas formulé à cet égard d'exception aux règles de l'appel, le recours devait être reconnu à l'inculpé par application des principes généraux et suivant les termes du droit commun.

Il est vrai qu'une jurisprudence invariable lui refusait d'une manière générale le droit d'opposition aux ordonnances du juge d'instruction. Mais, disait-on, le Code n'a songé qu'aux ordonnances de renvoi en police correctionnelle ou aux ordonnances de non-lieu. Contre les dernières, il a accordé un recours au Ministère public et à la partie civile ; quant aux autres, il les a considérées comme des décisions préparatoires, comme de véritables mesures d'instruction que le tribunal examinera et réformera, s'il y a lieu, en jugeant le fond. Au contraire, quand il s'agit de la liberté provisoire, la décision est toute différente et emporte les effets d'un véritable jugement. Il n'est pas admissible que les juges d'instruction puissent statuer souverainement sur la liberté des prévenus, tandis que les tribunaux correctionnels ne peuvent rendre qu'un jugement susceptible d'appel. La Cour de cassation avait observé très justement que « le droit du prévenu d'un délit correctionnel

» à demander la liberté provisoire sous caution de-
» viendrait tout à fait illusoire, si son exercice
» pouvait être arbitrairement paralysé par la vo-
« lonté d'un tribunal inférieur, sans recours à une
» juridiction supérieure ; qu'aucune disposition
» légale ne met les décisions des tribunaux de pre-
« mière instance, en matière de liberté pro-
» visoire, à l'abri du recours de l'autorité de la Cour
« royale (1). »

D'après cette jurisprudence, le recours était porté devant la juridiction immédiatement supérieure à celle de qui émanait la décision attaquée ; il devait être exercé suivant les termes et dans les délais établis par le code pour chacune des juridictions (2).

La loi du 17 juillet 1856 réglementa spécialement cette matière, et consacra en termes formels le droit de recours que la jurisprudence avait déduit des principes généraux.

L'article 135 porte que le « prévenu ne pourra » former opposition qu'aux ordonnances rendues » en vertu de l'article 114 et dans le cas prévu par « l'article 539 ». Or, l'article 114 est relatif à la demande de liberté provisoire formée par le prévenu dans le cas où cette liberté n'est pas de droit, et portée devant la juridiction de l'affaire au moment où la demande est introduite.

Ce recours de l'inculpé ne se comprend que dans

(1) Cass., 28 mai 1817, 13 juillet 1837 ; 10 mars 1839 ; — Jour. du dr. crim., t. XXI, p. 79.

(2) Voir cependant en sens contraire, Caen, 28 mars 1828.

deux cas : lorsque la liberté provisoire lui est refusée, ou lorsqu'on exige de lui un cautionnement trop élevé On a cependant contesté que le droit d'opposition fût possible dans ce dernier cas. En visant l'article 114, a-t-on dit, le législateur a voulu indiquer que le rejet de la demande de mise en liberté provisoire peut seul entraîner l'opposition de l'inculpé. Nous ne saurions accepter cette opinion.

Le droit d'opposition nous paraît avoir été édicté au profit du prévenu contre l'ordonnance de mise en liberté en tant que les dispositions de cette ordonnance lui font grief. Or, n'est-il pas évident qu'une élévation exagérée du cautionnement équivaut, suivant les cas, à un rejet de la demande ? Et n'est-ce pas une décision que le détenu a un intérêt majeur à faire réformer ? (1).

Avant la loi de 1856, les délais pour exercer utilement les recours étaient variables. Cette conséquence logique de la jurisprudence qui s'était formée en l'absence d'un texte sur la matière, était profondément regrettable. Il était fâcheux qu'à l'égard d'une demande qui se présentait la même devant toutes les juridictions, il n'y eût pas, à défaut d'une unité de compétence impossible, une complète analogie de procédure.

Aussi la loi de 1856, imitant la loi belge de 1852. fixa un délai uniforme. D'après l'article 135, l'opposition ne peut être formée que dans le délai de vingt-quatre heures à partir de la notification

(1) Durerger, t. II, p. 185.

qui est faite à l'inculpé de l'ordonnance attaquée. Cette notification lui est adressée dans les vingt-quatre heures qui suivent l'ordonnance.

La loi de 1856 n'avait comblé que d'une manière incomplète la lacune du Code ; elle ne parlait que du droit d'opposition, mais la jurisprudence continua à admettre, par les motifs qui l'avaient auparavant déterminée, que l'appel et le recours en cassation étaient ouverts à l'inculpé contre les jugements ou arrêts statuant sur la mise en liberté provisoire. Quant aux délais applicables à ces deux recours, on suivait le droit commun. L'appel était recevable pendant dix jours (Art. 203) et le pourvoi en cassation pendant trois jours (Art. 373).

La loi du 14 juillet 1865 a apporté de nouvelles modifications.

L'article 119 accorde expressément l'opposition ou l'appel ; il ne parle pas du recours en cassation, mais ce recours est reconnu.

Le délai pour l'opposition ou l'appel est de vingt-quatre heures, comme dans l'article 135. Pour le recours en cassation, qui n'est pas mentionné, un auteur, M. Dutruc, a proposé d'étendre à ce cas le délai de vingt-quatre heures (1). Mais la majorité des auteurs pense avec beaucoup de raison qu'il est impossible, en l'absence d'un texte, d'apporter une exception au délai ordinaire des recours en cas-

____

(1) Code de la détention préventive, n° 59.

sation, délai qui est fixé à trois jours par l'article 273 (1).

La forme du recours consiste dans une simple déclaration sur un registre tenu au greffe (Art. 119, 2°).

§ 7. — *Examen critique des dispositions du Code de 1808 et des lois postérieures sur la détention préventive et la liberté provisoire.*

Nous avons montré comment les dispositions du Code de 1808 sur la détention préventive et la liberté provisoire ont été successivement améliorées par diverses lois. Ce qu'il importe maintenant de rechercher, c'est le résultat auquel on est arrivé par ces réformes partielles. Faut-il s'arrêter là, ou convient-il de les pousser plus loin ?

Avant la loi du 4 avril 1855 sur la levée facultative du mandat de dépôt, la mise en liberté provisoire n'était accordée qu'à 1 prévenu sur 100. Après cette loi, le chiffre s'est élevé à 3 p. 0/0 (2).

Cependant, malgré cette loi, malgré la loi du 14 juillet 1855, le but poursuivi n'a pas été atteint. Les détentions préventives sont encore très nombreuses et les mises en liberté le sont peu : tous les ans un emprisonnement, dont la durée s'élève au chiffre

(1) Faustin Hélie, t. IV, n° 2001 ; Journal du ministère public, p. 301 ; — Ortolan et Bonnier, t. II, n° 2333.

(2) V. le rapport du Garde des Sceaux, compte général, 1856 et ann. suiv. V. aussi les deux tableaux de statistique publiés aux pièces justificatives, n° 6.

de 303 années, est subie par des inculpés innocents du moins au point de vue légal, puisqu'ils sont acquittés.

Nous croyons que le législateur français aurait dû suivre l'exemple de la loi belge du 18 février 1852, dont nous parlerons dans le livre suivant. Comme cette loi, il aurait dû déclarer que, pour tout prévenu de délit, ayant un domicile, la liberté provisoire sous caution serait la règle ; il fallait résolument marcher à la cause du mal, et le prévenir au lieu de l'atténuer.

Qu'on ne s'y trompe pas, en effet ! Les délits qui rentrent dans la catégorie de ceux pour lesquels la liberté provisoire est un droit, sont peu nombreux et sans gravité. Pour les autres, le législateur ayant laissé au juge un pouvoir discrétionnaire d'appréciation, le sort des inculpés est aujourd'hui sensiblement le même qu'avant 1865, et les modifications de la loi n'ont pas produit d'effets importants.

Pourquoi donc le législateur français n'a-t-il pas imité le législateur belge de 1852 ? A-t-il craint qu'un changement trop brusque dans nos institutions pénales ne présentât des inconvénients ? et que, si on faisait de la liberté provisoire un droit pour tout prévenu de délit, le nombre des délits ne tardât pas à s'accroître ? Le législateur belge n'a pas reculé devant cette crainte ; et rien ne prouve qu'en Belgique, depuis la loi de 1852, le nombre des délits soit devenu plus considérable. Ce qui a le pouvoir d'effrayer, c'est la menace d'une condamnation et de l'emprisonnement qui en résulte, ce n'est pas la menace d'une détention préventive à laquelle les criminels ne songent pas.

Sans doute on peut bien dire, et on a dit au Corps législatif dans la discussion de la loi de 1865, que certains délits présentent, au point de vue moral, plus de gravité que certains crimes. Cela est vrai ; mais il ne faut pas avoir la prétention, en ces matières si complexes, de trouver une solution qui soit de nature à satisfaire complètement l'esprit. Tout système pourra faire naître, dans une circonstance déterminée, des inconvénients ; l'essentiel est de choisir celui qui en offre le moins. Or, le vice de la loi de 1865 est d'avoir laissé au juge d'instruction, à l'égard des prévenus de délit exclus de la liberté provisoire, une omnipotence absolue. Qu'on lui accorde ce pouvoir d'appréciation quand il s'agit d'un crime, nous le comprenons sans peine à cause de la gravité du fait ; mais, en matière correctionnelle, cela peut être dangereux. Il faut tenir compte des traditions de notre procédure et des habitudes acquises, auxquelles les juges d'instruction ont bien de la peine à résister.

CHAPITRE IV.

DE L'INTERROGATOIRE ET DE L'AVEU DE L'INCULPÉ

§ 1. — *De l'interrogatoire de l'inculpé ; son caractère et son but ; quels sont les droits de l'inculpé et les pouvoirs du juge.*

L'interrogatoire de l'inculpé doit être considéré à la fois comme un moyen d'instruction et un moyen de défense.

Tel était déjà son caractère dans les ordonnances de 1539 et de 1670. (1) « Notre Code,
» dit M. Faustin-Hélie, qui a puisé cette insti-
» tution dans notre ancien droit, avec ses
» règles et ses formes, lui a nécessairement
» maintenu sa double utilité. Il constitue d'abord
» un moyen de défense ; car, dans tout le cours
» de l'instruction préalable, le prévenu n'en a pas
» d'autre : dépourvu de conseils, à cette première
» phase de la procédure, c'est par sa propre bou-
» che, suivant l'expression des ordonnances, qu'il
» doit repousser les inculpations qui pèsent sur
» lui ; son interrogatoire est la seule voie qui lui
» soit donnée de faire valoir sa défense. Il consti-

(1) Jousse, t. II, p. 253 ; — Muyard de Vouglan, part. 5, ch. X,
p. 7 ; — Lamoignon, Conférences de l'ordonn. de 1670, procès-verbal, p. 131.

» tue un moyen d'instruction ; car toutes les ques-
» tions que le juge adresse à l'accusé, même celles
» qui auraient pour objet de développer sa dé-
» fense, peuvent avoir pour résultat soit par la véri-
» fication ultérieure de la véracité de ses ré-
» ponses, soit par leurs contradictions et leurs
» mensongères allégations de mettre sur la voie
de la vérité. (1). » La Cour de cassation a décidé que l'interrogatoire du prévenu, étant un
moyen de défense aussi bien que d'information,
constitue une formalité essentielle dont l'inobservation entraîne la nullité de la procédure (2).

On voit de quelle importance est l'interrogatoire ;
c'est le seul moyen de défense ouvert à l'inculpé.

On pourrait croire, par conséquent, que le code
l'a entouré de toutes les garanties désirables. Il
n'en est rien. « Par une omission inexplica-
» ble, il n'a point réglé la forme de l'interrogatoire
» des inculpés. Il faut nécessairement suppléer à
» cette lacune, soit en invoquant les règles qui ont
» été établies dans des cas analogues, soit en in-
» terrogeant les dispositions, quoi qu'elles n'aient
» plus aujourd'hui qu'une autorité doctrinale, de
» notre ancienne législation (3). »

Nous sommes donc, sur bien des points, régis
par l'ordonnance de 1670. L'inculpé est interrogé
secrètement par le juge d'instruction assisté seule-

(1) Faustin Hélie, Instruction criminelle, t. VI. p. 700.
(2) Cass., 16 nov. 1819 ; 21 mars 1817.
(3) Faustin Hélie, eod. loc.

ment de son greffier ; il est privé du secours d'un avocat ; et il ne peut exiger sa confrontation ni avec les témoins qui déposent pour ou contre lui, ni avec ses coprévenus qui le chargent ou le disculpent.

L'ordonnance de 1670 lui imposait au début de son interrogatoire le serment de dire la vérité, et si la loi du 8-9 octobre 1789, art. 12, ne l'avait abolie, peut-être verrions-nous appliquée aujourd'hui encore cette formalité odieuse et dérisoire, issue des anciennes coutumes féodales et des usages de l'inquisition.

L'inculpé peut-il refuser de répondre tant qu'il n'a pas reçu connaissance des charges relevées contre lui ? L'ancien Droit ne lui accordait pas cette faculté. » L'accusé, dit Jousse, ne doit avoir aucune con- » naissance ni communication des faits sur les- » quels on doit l'interroger afin qu'il n'ait pas le » temps de préparer ses réponses et d'inventer » des mensonges pour déguiser la vérité ». (2). Mais l'art. 10 de la loi du 17 pluviôse an IX intro- duisit une distinction, qui est encore suivie : « Le » prévenu sera interrogé avant d'avoir eu commu- » nication des charges et dépositions ; lecture lui » en sera donnée après son interrogatoire ; et, s'il » le demande, il sera de suite interrogé de nou- » veau. »

Voilà donc l'inculpé devant le juge d'instruc- tion ! Le droit du juge est-il absolu ou limité ? Sur ce point encore le Code a gardé le silence.

(2) Tome II, p. 253.

L'ancien Droit lui laissait une liberté entière dans ses moyens et dans ses efforts pour obtenir un aveu. Les légistes posent en principe qu'il peut employer toutes sortes de subtilités et de pièges, de questions obscures et captieuses, de ruses et de mensonges. « Il est permis et loisible » aux juges, écrit Laroche-Flavin, de mentir » quelquefois pour rechercher et descouvrir la » la vérité des crimes et forfaits : comme si un » prévenu notoirement diffamé de quelque crime » n'en veut toutefois rien dire, ny accorder en ses » auditions, ni mesmes étant mis à géhenne : alors » le juge peut lui faire croire que ses complices » et compagnons prisonniers l'ont accusé, encore » qu'ils n'y aient pensé, car alors, pour se venger, » il rendra peut-être la pareille. De même le juge » peut promettre de sauver la vie à un des compli- » ces à la charge de découvrir les autres » (1).

Jousse s'élève avec force contre cette doctrine ; mais il ajoute une restriction aussi dangereuse que subtile : « Il est vrai que le juge peut user » d'adresse et quelquefois même de feinte, pour » découvrir la vérité et tirer l'aveu du criminel. La » considération de l'intérêt public et la nécessité » d'entretenir le bon ordre dans la société par la » punition des coupables, ont fait adopter ce » moyen, qui est approuvé généralement par tous » les auteurs, et qui a été employé par des juges

(1) Des Parlements de France, p. 507

» intègres, mais il doit entrer beaucoup de sagesse
» et de prudence dans l'usage qu'il en fait (1). »

La sagesse, la prudence, l'impartialité de nos
magistrats, ne les mettons pas en doute un seul instant. Mais nous demandons une loi qui limite
leur pouvoir. N'est-il pas vrai que les difficutés de
l'instruction, les obscurités qui l'entourent, la lutte
qu'elle soutient contre l'inculpé, le désir de remplir
fidèlement une mission importante confiée par la
loi, n'est-il pas vrai que tout cela peut faire naître
dans l'esprit du juge une passion naturelle, et
souvent difficile à vaincre, s'il n'est pas arrêté et
soutenu par le texte et la prescription de la loi ?
N'est-ce pas cette passion qui a inspiré ce passage
de Mangin : « Le juge peut user d'adresse et de
» feinte, c'est-à-dire qu'il doit interroger le prévenu,
» sans lui faire connaître d'avance le but de ses
» questions, sans lui communiquer sur-le-champ
» les charges qui démentent ses réponses ; qu'il
» peut le presser de questions sur les faits qu'il
» allègue, l'obliger d'en déduire tous les détails,
» quoiqu'il sache parfaitement que ces faits sont
» en contradiction avec les résultats les plus positifs
» de l'instruction et que ces détails ne sont propres
» qu'à mettre en évidence la mauvaise foi du
» prévenu et ses mensonges (2). » N'est-ce pas
encore cette passion qui se manifeste dans ces
lignes : « L'interrogatoire pour un magistrat

(1) T. II, p. 271 et 273.
(2) De l'inst. écrite, n° 131.

» habile , c'est la moitié de l'instruction. C'est
» plus encore avec le secret, qui est le moyen le
» plus puissant *pour enlever un aveu* (1). »

§ 2. — *De l'aveu et de sa force probante.*

Il faut, en effet, le reconnaître : c'est à l'aveu,
direct ou indirect, complet ou partiel, spontané ou
surpris, jadis arraché par la torture, et aujourd'hui
par d'autres moyens (l'interrogatoire, la détention
préventive, la mise au secret, le refus de la liberté
provisoire, etc.) que paraît tendre notre instruction
inquisitoriale et secrète.

Toutes les législations n'ont pas reconnu à l'aveu
le même caractère et la même force probante.

Le droit romain, tant que la procédure accusatoire
demeura pleinement en vigueur, n'attacha pas à
l'aveu des conséquences légales ; et le considéra
simplement comme un élément de conviction, et
un moyen de preuve apprécié par les juges. Plus
tard, quand la procédure accusatoire se compliqua
de plusieurs éléments nouveaux, l'aveu devint une
cause suffisante de détention préventive. Mais, à
aucune époque, il ne fut admis, en dehors de toute
autre preuve, comme pouvant justifier et motiver
une condamnation.

Au contraire, sous le système inquisitorial de
notre ancien droit, comme le juge ne trouvait pas

(1) *Manuel des juges d'instruction*, par M. Duverger, t. II, p. 411.
(1862.)

dans les preuves légales les éléments d'une réelle conviction, il avait à cœur de dissiper ses doutes par l'aveu de l'accusé. C'est à faire naître cet aveu, par des moyens souvent barbares, comme le secret et la torture, que la procédure fut appliquée.

Les jurisconsultes le considéraient comme la première des preuves, comme une preuve complète et suffisante pour opérer une conviction absolue et pour amener une condamnation. Il fallait toutefois que l'aveu fût libre et volontaire, confirmé par le corps du délit, par les indices extérieurs et les faits de l'instruction (1).

Sous l'empire de notre code l'aveu, même vérifié et corroboré, ne constitue plus une preuve légale et obligatoire ; il est seulement un élément de certitude et un moyen de preuve, dont le juge apprécie la valeur et la force, et auquel il est toujours libre d'accorder ou de refuser sa confiance (2). Tel est le point de vue théorique. Mais en fait l'aveu entraîne la conviction ; et l'on dirait que le juge, incertain au milieu des obscurités de l'instruction, éprouve le besoin, pour rassurer sa conscience, d'obtenir l'aveu de l'inculpé. Sans doute, c'est un précieux résultat auquel l'accusation doit tendre ; mais entre elle et la défense, il faut que la lutte soit égale.

1. Jousse, t. 1, p. 671 ; — Ayrault, liv. 3, 3ᵉ partie, n° 21 ; — *Lettres du chancelier d'Aguesseau*, n° 199.

2. Faustin Hélie, t. 3, p. 729 ; — Cass., 23 sept. 1847, B. n° 293.

CHAPITRE V.

DU SECRET DANS L'INSTRUCTION PRÉPARATOIRE

Ce qui frappe immédiatement et ce qui choque notre esprit à la lecture des dispositions du Code, c'est l'état d'isolement complet dans lequel l'inculpé se trouve dans le cours de l'instruction préparatoire.

S'il est détenu, il ne peut communiquer avec un avocat qu'après le jour où, cette instruction terminée, il a été renvoyé devant le tribunal correctionnel ou devant la Cour d'assises par l'ordonnance de la chambre des mises en accusation. Et même, dans ce dernier cas, le défenseur est obligé d'attendre, pour recevoir communication du dossier et pour visiter l'accusé, que le président des assises lui ait fait subir son dernier interrogatoire (Art. 302).

Non seulement l'accusé est ainsi privé de tout conseil, de tout secours, de toute direction, mais encore la procédure est à son égard absolument secrète. Elle était publique à Athènes et à Rome ; elle devint secrète dans notre ancien Droit, dont notre Code a suivi les errements.

L'inculpé est interrogé à huis clos, seul en face du juge d'instruction ; il n'assiste pas aux dépositions des témoins, il ne peut pas les contrôler, les contredire si elles sont à sa charge, ni s'en emparer si elles lui sont favorables ; il ne peut exiger sa confrontation ni avec les témoins ni avec ses co-prévenus.

Il y a plus. L'ordre de comparaître devant le juge d'instruction n'indique pas à l'inculpé le fait à raison duquel il est poursuivi. Ce fait est mentionné sur le mandat d'arrêt, ainsi que la loi qui le qualifie crime ou délit. Mais ni l'une ni l'autre de ces deux mentions n'est exigée pour les mandats de comparution, d'amener et de dépôt.

« Les mêmes formalités, dit l'art. 96, seront
» observées dans le mandat d'arrêt ; ce mandat
» contiendra de plus l'énonciation du fait pour le-
» quel il est décerné, et la citation de la loi qui
» déclare que ce fait est un crime ou un délit. »

Pourquoi ces dispositions ? Pourquoi ce silence et ce secret ? Les auteurs en donnent un motif que nous retrouverons et que nous combattrons plus tard : c'est que l'inculpé ne doit pas être averti, c'est qu'il pourrait se mettre en garde, préparer ses réponses, combiner ses explications, concerter ses moyens de défense !

Mais du moins a-t-il le droit de faire entendre les personnes qui peuvent le défendre contre l'accusation et témoigner de son innocence ? Nullement.

« Le juge d'instruction, porte l'art. 71, fera citer
» devant lui les personnes qui auront été indiquées
» par la dénonciation, par la plainte, par le procu-
» reur de la République ou autrement, comme

» ayant connaissance soit du crime ou délit, soit de
» ses circonstances. » — Des témoins à décharge,
il n'en est pas question, et Merlin disait même
« que les juges d'instruction non seulement ne pou-
» vaient, mais ne devaient pas informer à décharge,
» soit sur des faits justificatifs, soit même sur
» des faits péremptoires qui pourraient amener la
» conviction du prévenu. »

Nous aimons à croire que les juges d'instruction
ne suivent pas cette singulière théorie ! Mais quel
est le jour où l'on établira, à la place de la faculté
du juge, le droit de l'inculpé ? Quel est le jour où
l'on ne verra plus cet inculpé, mis à l'écart de l'instruction qui se poursuit contre lui, impuissant à
faire éclater immédiatement les preuves de son
innocence, et obligé d'attendre, à travers les len-
teurs et les angoisses de la détention préventive, ce
moment tardif du jugement et de l'audience publique, où les témoins à décharge parleront enfin pour
la première fois ? Dupin avait raison lorsqu'il écrivait, en 1821 : « Tout, en cette partie doit être
» réglé par la loi. C'est là surtout que la meilleure
» loi est celle qui laisse le moins à l'arbitraire
» du juge, de même que le meilleur est celui
» qui s'en permet le moins ». L'instruction
est l'âme du procès, disait Ayrault ; elle a pour
objet de rassembler les preuves de la culpabilité ou de l'innocence de l'inculpé, elle doit
se faire à charge et à décharge, et n'avoir pour but
que la recherche et la manifestation de la vérité.

CHAPITRE VI.

DES DROITS DE L'INCULPÉ CONTRE LA DÉCISION QUI MET FIN A LA PROCÉDURE PRÉPARATOIRE.

Nous avons décrit, en traitant de la détention préventive, de la mise au secret, et de la liberté provisoire, la situation de l'inculpé pendant la procédure préparatoire ; nous l'avons mis en face du juge d'instruction dans l'interrogatoire qu'il subit ; nous l'avons montré se défendant contre l'accusation qui le frappe. Il nous reste à rechercher ses droits contre la décision qui met fin à cette procédure préparatoire.

Cette décision peut être de nature diverse. Si le juge d'instruction est convaincu de l'innocence de l'inculpé, ou s'il n'a réussi à rassembler que des preuves trop faibles et trop incertaines pour rendre sa culpabilité vraisemblable, il rend une *ordonnance de non-lieu ;* l'inculpé est renvoyé des fins de la poursuite, et mis en liberté s'il était détenu. Dans le cas contraire, le juge rend une *ordonnance de renvoi.* Le fait présente-t-il les caractères d'un délit, l'inculpé est renvoyé devant le tribunal correctionnel ; constitue-t-il un crime, le juge d'instruction est incompétent pour clore l'instruction ;

il ne peut que renvoyer l'inculpé devant la chambre des mises en accusation.

L'inculpé n'a pas le droit d'attaquer l'ordonnance par laquelle le juge d'instruction le renvoie devant le tribunal correctionnel. C'est la solution depuis longtemps admise par une jurisprudence constante et trop bien justifiée, nous sommes obligés de le reconnaître, par le texte absolument précis de l'art. 135-2° « Le prévenu ne pourra former opposition » qu'aux ordonnances rendues en vertu de l'article » 144 et dans le cas prévu par l'article 539. »

Mais n'est-ce pas une solution fâcheuse? En vain dirait-on que l'ordonnance de renvoi n'est à l'égard du prévenu qu'un acte de pure instruction, un jugement préparatoire indiquant simplement le tribunal appelé à rendre une décision définitive; que si le ministère public et la partie civile peuvent former opposition contre l'ordonnance de non lieu émanée du juge d'instruction, c'est que cette ordonnance constitue pour eux une décision définitive; mais que le prévenu, au contraire, ne souffre pas d'une ordonnance de renvoi, puisqu'il conserve le droit de faire valoir ses moyens de défense devant le tribunal correctionnel et d'obtenir son acquittement s'il parvient à établir son innocence. Est-il possible de considérer comme une décision purement préparatoire celle qui déclare qu'il existe contre le prévenu des présomptions de culpabilité suffisantes pour le faire mettre en prévention ? Et n'est-il pas évident que l'inculpé, bien qu'il con-

serve le droit de se défendre devant le tribunal
correctionnel, a un intérêt considérable à ne pas y
comparaître ; et qu'il vaudrait mieux pour lui faire
infirmer l'ordonnance de renvoi que de paraître,
même avec de grandes chances d'acquittement, à
l'audience publique d'un tribunal ?

Quand l'affaire, présentant les caractères d'un
crime, est renvoyée devant la chambre des mises
en accusation, celle-ci prend connaissance de la
procédure, et, suivant sa conviction, elle libère
l'accusé par un arrêt de non-lieu ou le défère à la
cour d'assises par un arrêt de renvoi.

L'inculpé a-t-il la faculté de se défendre librement devant cette chambre de la cour qui est appelée à prendre une si grave décision ? Sur ce
point encore, les dispositions du code lui sont dé-
favorables ; l'accusation a tous les pouvoirs, et la
défense n'a aucune garantie.

Le procureur général prépare son rapport et le
communique à la chambre des mises en accusation,
qui l'examine et se prononce à huis clos. « Le pro-
» cureur général près la cour d'appel sera tenu de
» mettre l'affaire en état dans les cinq jours de la
» réception des pièces qui lui auront été transmises
» en exécution de l'article 133 ou de l'article 135,
» et de faire son rapport dans les cinq jours sui-
» vants, au plus tard. »

En vain l'article 224 dispose : « Le procureur
» général, après avoir déposé au bureau sa décla-
» ration écrite et signée, se retirera ainsi que le

» greffier. » La jurisprudence lui donne libre accès dans la salle des délibérations : et un arrêt de la cour de cassation a décidé : « que la disposition » qui veut que le procureur général se retire n'est » pas prescrite à peine de nullité. »

La jurisprudence a même étendu l'article 217 en jugeant que : « le rapport du procureur général » sur l'affaire devant la chambre des mises en ac- » cusation peut être *verbal.* » En ce cas, une seule mention de ce qu'aura dit l'organe du ministère public sera conservée au dispositif de l'arrêt en ces termes : « M. le procureur général entendu. »

En regard de cette intervention du procureur général, quels sont les droits de l'accusé : « Le pré- » venu ne paraîtra point, » dit l'article 223. Il est vrai qu'aux termes de l'article 217-2° : « le prévenu » pourra fournir tel mémoire qu'il estimera con- » venable, sans que le rapport puisse être retardé. » Mais la jurisprudence décide que « devant la cham- bre des mises en accusation, la faculté que l'ar- » ticle 217 accorde au prévenu de fournir un mé- » moire, n'implique pas pour le procureur général » l'obligation de lui communiquer les pièces de la » procédure, pour faciliter la rédaction de ce mé- » moire (1). »

Voilà donc l'accusé obligé de rédiger lui-même son mémoire, sans la communication des pièces, sans l'assistance d'un avocat, ignorant le plus souvent le droit que la loi lui accorde, et ne s'en servant,

1. Toulouse, 2 août 1817, ch. d'accus. S. V. 17. 2181.

lorsqu'il le connaît, que dans des circonstances ex-
trêmement rares !

L'inculpé a la faculté de se pourvoir en cassation
contre l'arrêt de la chambre des mises en accusation qui le renvoie devant la Cour d'assises. Dans
l'interrogatoire qu'il lui fait subir, le président des
assises doit l'avertir qu'il peut exercer ce droit dans
les cinq jours qui suivent cet avertissement (Art.
296). « Si l'accusé n'a point été averti, conformé-
» ment au précédent article, la nullité ne sera pas
» couverte par son silence : les droits seront ré-
» servés, sauf à les faire valoir après l'arrêt défini-
» tif. » (Art. 298). « Le procureur général est tenu
» de faire sa déclaration dans le même délai, à
» compter de l'interrogatoire, et sous la même de
» déchéance portée en l'article 297. »

Dans quels cas l'accusé peut-il se pourvoir contre
l'arrêt de la chambre des mises en accusation ?
Voici le texte de l'article 299, tel qu'il résulte de
la loi du 10 juin 1853 : « La demande en nullité ne
peut être formée que contre l'arrêt de renvoi et
dans les cas suivants : « 1° pour cause d'incompé-
» tence ; 2° si le fait est qualifié crime par la loi ;
» 3° si le ministère public n'a pas été entendu ; 4°
» si l'arrêt n'a pas été rendu par le nombre des
» juges fixés par la loi. »

Cet article se sert d'une formule limitative qui
semble restreindre la faculté du pourvoi aux quatre
cas qui y sont énumérés. Mais il ne s'occupe que
de l'arrêt de renvoi devant la Cour d'assises, et il

n'a pour but que de restreindre les moyens qui sem-
blaient de nature à surseoir aux débats. Il ne faut
donc pas admettre qu'il déroge aux dispositions
générales de la loi ; l'accusé peut exercer le recours
dans des cas autres que ceux expressément indiqués
par cet article, pourvu qu'il soit en état de détention
préventive (Art. 421 et 465 C. instr. crim).

LIVRE DEUXIÈME

Étude des législations étrangères.
Idées générales.

L'étude comparée des législations étrangères présente de nos jours, soit au point de vue théorique de la science et de l'observation, soit au point de vue pratique et à cause de la facilité et de la multiplicité des relations internationales, — cette étude présente un intérêt très vif et une importance considérable.

Elle offre encore, quant à notre sujet, un attrait nouveau : c'est qu'elle nous permettra de marquer les rapports intimes qui existent entre la procédure criminelle d'un pays et l'état politique et social de ce pays.

« Les règles de cette procédure, dit M. Faustin Hélie, sont sujettes à subir l'influence des révolutions législatives ; et, tandis qu'elles lient les tribunaux dans une sorte d'immobilité, elles ne sont point elles-mêmes immobiles. Elles reproduisent les différents principes de la constitution, elles en prennent l'esprit et les tendances, elles en sont les corollaires, elles se modifient inces-

samment pour la suivre dans ses changements.
C'est ainsi qu'en général les garanties des accusés s'accroissent et s'affaiblissent dans les différents pays, suivant le principe de leur gouvernement, larges et tutélaires dans leurs États
libres, incertaines et restreintes dans ceux où règne le despotisme. »

(1) Faustin Hélie, t. VI, p. 452 ; — Legraverend, t. II, p. 123 ; — Mangin, t. II p. 203.

CHAPITRE PREMIER

BELGIQUE

La Belgique a conservé, en se séparant de la France, les Codes qu'elle tenait de nous. Mais sa constitution de 1831 a prescrit de les réviser « dans le plus court délai possible » (art. 139) ; et ce travail est aujourd'hui très avancé.

Plusieurs lois ont été votées sur la procédure criminelle. Les lois du 13 février 1852 et du 20 avril 1874 ont organisé la détention préventive, la mise au secret, et la mise en liberté provisoire ; et, tout récemment, la loi du 17 avril 1878 a promulgué le titre préliminaire d'un nouveau Code de procédure pénale.

Ces lois ont modifié sur bien des points notre Code de 1808.

En présentant aux Chambres le projet qui a donné naissance à la loi de 1852, le gouvernement s'exprimait en ces termes : « Un pouvoir à peu » près discrétionnaire est accordé au juge d'in- » struction en ce qui concerne la détention préven- » tive. Les mandats de dépôt et d'arrêt qu'il a tou- » jours le droit de décerner sont irrévocables ; leur » effet doit se prolonger jusqu'à la fin de l'instruc- » tion, à moins que la Chambre du conseil n'ac-

» corde la mise en liberté provisoire sous caution,
» et encore cette mesure est-elle toujours inter-
» dite en cas de poursuite, à raison d'un fait pou-
» vant entraîner l'application d'une peine afflictive
» et infamante. Dans cette situation, le gouverne-
» ment pense qu'il est possible de mieux conci-
» lier les garanties de la liberté individuelle avec
» celles que réclament les nécessités de l'instruc-
» tion judiciaire. »

Procédant de cet esprit, la loi belge devait se montrer plus libérale que la nôtre.

§ 1. — *De la détention préventive et des mandats.*

Par le mandat de comparution ou le mandat d'amener, l'inculpé comparaît devant le juge d'instruction.

Après son interrogatoire, il est, suivant les circonstances, laissé en liberté ou bien incarcéré par le moyen d'un mandat de dépôt ou d'un mandat d'arrêt (Art. 1).

Mais l'emploi de ces deux mandats n'est pas laissé, comme chez nous, au pouvoir discrétionnaire du juge d'instruction.

1° Si l'inculpé a un domicile et s'il est seulement passible d'un emprisonnement correctionnel, le juge ne peut délivrer un mandat de dépôt que dans les « circonstances graves et exceptionnelles » (Art. 1). En matière correctionnelle, non seulement la liberté provisoire est de droit, mais encore le mandat d'arrêt est interdit.

Le mandat de dépôt lui-même, pour être maintenu, doit être confirmé, dans les cinq jours à partir de sa délivrance, par la chambre du conseil (Art. 2). Celle-ci exerce, par conséquent, un droit de contrôle sur les actes du juge d'instruction. Il lui suffit même de laisser s'écouler, sans se prononcer, le délai de cinq jours, pour que le mandat de dépôt tombe de lui-même et pour que le prévenu soit mis en liberté.

2° Si le fait est de nature à entraîner une peine seulement infamante, le juge décerne un mandat de dépôt, mandat qui n'a pas besoin, pour être maintenu, d'être confirmé dans les cinq jours par décision de la chambre du conseil. Le juge a cependant la faculté, sur l'avis conforme du procureur du roi, de laisser l'inculpé en liberté provisoire (Art. 3).

Enfin s'il s'agit d'un crime emportant une peine afflictive et infamante, le mandat d'arrêt est obligatoire, après conclusions du procureur du roi, et ce mandat est irrévocable (Art. 4).

§ 2. — *De la mise au secret.*

Quant à la mise au secret, la loi belge se rapproche sensiblement de notre loi de 1865.

L'ordonnance de mise au secret, rendue par le juge d'instruction, doit être transcrite sur le registre de la prison (Art. 29). L'interdiction n'est prononcée que pour dix jours (Art. 30). Elle peut toutefois être renouvelée; mais, en cas de renouvellement, l'inculpé ou l'un de ses parents et amis a le droit de présenter une requête à la chambre du conseil pour obtenir la mainlevée de l'interdiction. La chambre statue dans les deux jours après avoir entendu le juge d'instruction et le procureur du roi. Si la requête est rejetée, elle peut être reproduite, mais seulement dix jours après le rejet (Art. 30).

Dans tous les cas où le juge d'instruction croit devoir renouveler l'interdiction de communiquer, il est tenu d'en rendre compte au procureur général (Art. 31).

§ 3. — *De la liberté provisoire.*

La loi de 1852 a modifié sur trois points, au sujet de la liberté provisoire, les dispositions du code de 1808 ;

1° Le chiffre de cautionnement cesse d'avoir un minimum ;

2° Le prévenu peut obtenir sa liberté sur la simple promesse de se représenter ;

3° La liberté provisoire est étendue à tous les cas où l'accusation n'entraîne qu'une peine criminelle temporaire.

§ 4. — *Loi de 1874.* — *Détention préventive.*

Telles étaient les innovations, très libérales assurément, de la loi de 1852. Le Législateur belge a pensé qu'elles n'étaient pas suffisantes.

La loi de 1852 avait déclaré le mandat d'arrêt irrévocable, n'était-ce pas une règle excessive? Pourquoi ne pas permettre la mainlevée de ce mandat, alors que les charges, au cours de l'instruction, peuvent devenir moins graves, alors que le fait incriminé, considéré d'abord comme un crime puni d'une peine perpétuelle, peut se changer plus tard en un simple délit ou n'entraîner qu'une peine temporaire.

La loi de 1874, s'inspirant de cette idée, a rendu révocable le mandat d'arrêt. Mais elle a été conduite par cela même à une seconde modification. Le mandat d'arrêt étant provisoire, comme le mandat de dépôt, l'un ou l'autre devenait inutile. Le mandat de dépôt a été supprimé. Quant au mandat d'arrêt, seul maintenu, le juge ne peut le décerner qu'après l'interrogatoire, mais sans avoir besoin de prendre les conclusions du ministère public.

A cet égard, le pouvoir du juge est étroitement limité.

D'après l'art. 1 de la loi de 1874, si le fait incriminé entraîne un emprisonnement correctionnel inférieur à 3 mois, le mandat d'arrêt est interdit, la liberté provisoire est de droit et sans aucun délai (1).

Lorsque l'emprisonnement encouru est supérieur à trois mois, deux cas doivent être distingués.

Premier cas. — La peine est inférieure à 15 années de travaux forcés. — Lorsque l'inculpé a son domicile en Belgique, la liberté provisoire est la règle. Le juge ne peut décerner un mandat d'arrêt que si la sécurité publique exige cette mesure, et si les circonstances sont particulièrement graves.

Et cette règle n'est pas une garantie illusoire. Pour qu'elle ne soit pas éludée en pratique, l'art. 2 oblige le juge à préciser dans le mandat les circonstances qui lui paraissent justifier sa décision ; et l'art. 4 autorise le prévenu et son défenseur à discuter devant la chambre du conseil les motifs qui ont déterminé le juge à décerner le mandat.

Si l'inculpé n'est pas domicilié en Belgique, la liberté provisoire cesse d'être la règle. Le juge d'instruction a un pouvoir discrétionnaire pour apprécier les circonstances qui réclament la délivrance d'un mandat d'arrêt ; il n'est même pas tenu d'indiquer dans ce mandat les faits qui motivent sa décision.

Second cas. — Le fait entraîne la peine des travaux forcés de 15 à 20 ans, ou une peine plus considérable, par exemple l'emprisonnement perpétuel.

(1) Le projet de la Commission était plus libéral encore : il portait à six mois la limite de l'emprisonnement.

Dans ce cas, la liberté provisoire est l'exception ; c'est la détention préventive qui devient la règle. Le juge ne peut accorder la liberté que sur l'avis conforme du procureur du Roi ; on a pensé que cette condition était une garantie suffisante : « Ce » magistrat, dit le rapporteur de la loi, ne pouvant » agir qu'avec l'assentiment du ministère public, » organe de la loi et de la sécurité générale, il » n'est pas à craindre qu'on laisse en liberté, quand » il existe des charges sérieuses, les inculpés de » crimes punis de peine de mort, de travaux forcés » à perpétuité, de travaux forcés de 15 à 20 ans, » de détention à vie. »

Le caractère et la garantie qui se dégagent de ces dispositions, c'est que le pouvoir du juge, au lieu d'être aussi large et aussi discrétionnaire que dans notre Code, est presque toujours circonscrit par des règles précises. Le législateur a étendu cette limitation aussi loin que pouvaient le permettre les nécessités de l'instruction préparatoire.

D'après la loi de 1852 le mandat de dépôt, pour être maintenu, devait être confirmé, dans les cinq jours à partir de l'interrogatoire, par décision de la chambre du conseil. La loi de 1874 a supprimé le mandat de dépôt, mais elle a soumis le mandat d'arrêt à cette sage disposition. L'inculpé comparaît devant la chambre du conseil ; il est admis à discuter, par lui-même ou par l'organe de son défenseur, les garanties qu'il offre en vue de la liberté provisoire, la gravité des motifs indiqués par le juge dans le mandat d'arrêt. C'est donc un véritable débat, sérieux, approfondi, rapide et sans frais, grâce auquel la chambre du conseil peut rendre une décision parfaitement éclairée, sans être obligée de se référer exclusivement au rapport du juge d'instruction.

La loi de 1874 ne s'est pas bornée à supprimer la détention inutile. Par l'art. 5, elle a veillé à ce que cette détention, une fois prononcée, ne se prolonge pas au delà de la nécessité. « Si l'instruction, dit cet article, n'est
» pas terminée dans le mois qui suit l'interroga-
» toire, l'inculpé sera mis en liberté, à moins que
» la chambre, par ordonnance motivée rendue à
» l'unanimité, le procureur du Roi et l'inculpé ou
» son conseil entendus, ne déclarent que l'intérêt
» public exige le maintien de la détention.
» Il en sera ainsi, de mois en mois, si la cham-
» bre du conseil n'a pas statué sur la prévention
» du nouveau mois. »

On voit que l'inculpé en état de détention préventive ne risque pas d'être oublié dans la prison, et que la garantie est sérieuse et efficace, puisque la décision qui maintient sa détention doit être prise à l'unanimité des membres qui composent la chambre du conseil.

§ 5. — *De la mise au secret d'après la loi de 1874.*

Pour la mise au secret, le législateur s'est montré encore plus libéral. Comme les réformes de la loi de 1852 n'avaient pas abouti au résultat attendu, la loi de 1874 a limité à trois jours la durée de la mise au secret, et décidé en outre que cette mesure ne serait pas renouvelable.

Ainsi limitée, la mise au secret perd, nous le reconnaissons, la plus grande partie de ses inconvénients et de sa rigueur. Pourquoi le législateur belge ne l'a-t-il pas rejetée complètement ? Parce que, dit le rapporteur de la loi, le succès de l'instruction préparatoire aurait été compromis dans le cas où les complices d'un crime ne se trouvent pas sous la main de la justice au moment du premier interrogatoire de l'inculpé. Nous apprécierons plus tard cette raison ; mais nous pouvons, du moins, constater combien la loi belge s'est montrée plus libérale que la nôtre.

§ 6. — *De la liberté provisoire d'après la loi de 1874.*

Pour la mise en liberté provisoire, à l'inverse, elle a été beaucoup plus sévère. Aux termes de l'art. 6 de la loi de 1874, le juge, au cours de l'instruction, ne peut donner mainlevée du mandat d'arrêt que sur l'avis conforme du procureur du Roi. Le législateur a pensé que « l'un des buts de la détention préventive étant l'exécution de la peine, il

» serait peu rationnel de réduire ici à un rôle
» secondaire et pour ainsi dire passif le magistrat
» qui exerce l'action publique et a précisément
» pour mission de pourvoir à l'exécution de la
» peine (1). » Mais cette condition paraît moins
dure lorsqu'on songe que l'inculpé a le droit de
recourir à la chambre du conseil.

En tout état, à toute période de la procédure
préparatoire, la mise en liberté provisoire peut
être accordée ou retirée, suivant la nature et la
gravité des circonstances qui surgissent (Art. 7
et 8).

Le nouveau mandat qui retire au prévenu sa
liberté provisoire doit indiquer les causes qui ont
nécessité sa délivrance ; il doit, en outre, être
confirmé par la chambre du conseil, dans les
cinq jours de son exécution, le procureur du Roi et
l'inculpé entendus.

La chambre du conseil, en ordonnant le renvoi
du dossier à la chambre des mises en accusations,
peut décerner contre l'inculpé laissé en liberté provisoire une ordonnance de prise en corps susceptible d'exécution immédiate (Art. 9-1).

La chambre des mises en accusations jouit
du même droit quand elle ordonne le renvoi
de l'inculpé devant la cour d'assises. Mais ce
n'est pour elle qu'une simple faculté, dont
elle est libre de faire usage d'après les cir-

(1) Travaux préparatoires de la loi.

constances. Chez nous au contraire l'inculpé laissé en état de liberté provisoire est immédiatement incarcéré en vertu de l'arrêt de renvoi devant la cour d'assises. Disposition rigoureuse, parce qu'elle est absolue, et qui peut avoir pour effet de prolonger sans avantage et sans raison la détention préventive.

CHAPITRE II.

SUISSE

Canton de Genève.

La législation de Genève sur la procédure pénale a eu, pendant les derniers siècles, un caractère très libéral. Elle a été remplacée, à la suite de l'invasion française, par notre Code de 1808. Celui-ci a été appliqué pendant trente ans sans altération. Mais il ne pouvait pas demeurer intact au milieu d'un peuple qui avait été libre jadis, et qui venait de recouvrer son indépendance un instant perdue. Il devait être modifié suivant les mœurs, les souvenirs et les besoins nouveaux de ce pays.

I. — loi constitutionnelle du 23 avril 1849 sur la liberté individuelle et l'inviolabilité du domicile, complétant la constitution de 1847, organisa un système de garanties ; et, sans détruire les bases du code de 1808, s'appliqua à y introduire les innovations les plus nécessaires et les plus heureuses.

1. — *De la détention préventive.*

Nul ne peut être privé de la liberté qu'en vertu d'un jugement rendu ou d'un mandat décerné par l'autorité compétente.

La loi organise trois mandats qui diffèrent essen-tiellement par leur durée et par leur effet.

1° Le *mandat d'amener*, par lequel un magistrat compétent ordonne l'arrestation d'un inculpé. Cette arrestation ne peut durer plus de 24 heures ; au delà de ce temps, l'inculpé serait victime d'une détention arbitraire prévue et punie par la loi.

2° A l'expiration des 24 heures, le prévenu doit être relâché ou son mandat converti en un *mandat d'arrêt*. Ce mandat, décerné par le juge d'instruc-tion, a pour but de maintenir le prévenu en déten-tion pendant une durée maximum de huit jours (Art. 5 de la loi de 1849).

3° Enfin, si l'inculpé n'est pas mis en liberté pro-visoire au bout de ces huit jours, il est l'objet d'un *mandat de dépôt*, qui le place définitivement en état de détention préventive, et qui doit être délivré par la chambre d'instruction (Art. 7). La durée de ce mandat est illimitée.

Ainsi, ces mandats se succèdent et se complètent l'un par l'autre. Arrêté en vertu d'un mandat d'ame-ner, le prévenu est interrogé dans les 24 heures. Il est immédiatement relâché ou renvoyé devant le juge d'instruction, qui lui accorde sa liberté ou dé-cerne contre lui un mandat valable pour 8 jours. Le 9° jour, la prison lui est ouverte, si la chambre d'instruction n'a pas cru devoir le maintenir, par un mandat de dépôt, en état de détention préventive.

Tout mandat énonce le fait pour lequel il est dé-livré ; les mandats d'arrêt et de dépôt doivent porter en outre la citation de la loi qui prévoit ce fait et le punit comme un délit ou un crime (Art. 8).

II. — *De la mise au secret.*

La mise au secret ne peut être prononcée par le juge d'instruction que pour une durée de 8 jours (Art. 9). Elle peut être prolongée, mais seulement avec l'autorisation de la chambre d'instruction (Art. 9.)

Immédiatement après l'interrogatoire qui suit l'exécution du mandat d'amener, c'est-à-dire 24 heures au plus tard après l'arrestation, l'inculpé a le droit de choisir un défenseur et de conférer avec lui (Art. 10).

III. — *Liberté provisoire.*

La liberté provisoire est régie par une loi de 1850. Elle est de droit en matière correctionnelle, à moins que le prévenu n'ait déjà subi une condamnation pour crime, ou qu'il n'ait précédemment laissé contraindre sa caution (Art. 10).

Mais, en matière criminelle, le juge est toujours libre de l'accorder ou de la refuser.

Elle peut être demandée et obtenue en tout état de cause. Si le juge d'instruction est dessaisi, c'est la chambre d'instruction qui connaît de la demande.

C'est toujours cette chambre qui fixe le cautionnement, avec une latitude entière, et en tenant compte des circonstances de fait et du préjudice présumé ; aucun maximum ni minimum ne lui est imposé par la loi (Art. 11).

Cette disposition, dont nous avons déjà montré la sagesse, constitue un correctif suffisant du droit à la liberté provisoire qui est accordé au prévenu d'un délit. L'intérêt de la répression n'est pas compromis ; car, si la chambre d'instruction éprouve de légitimes craintes, il lui suffira d'exiger un cautionnement assez fort pour que l'inculpé ne puisse pas le fournir.

Telle est, dessinée à grands traits, la législation genévoise. Trois dispositions surtout méritent d'être notées : 1° les mandats à échéance fixe ; 2° la limitation à 8 jours de la mise au secret ; 3° le droit pour le prévenu d'un délit à sa mise en liberté provisoire.

§ 2. — *Canton de Valais.*

1. *De la détention préventive.* — La procédure criminelle est régie dans ce canton par la loi de 1819.

Le mandat de comparution, appelé *exploit de citation,* est la règle.

Le mandat d'amener ne peut être délivré que dans trois cas :

1° Lorsqu'il s'agit d'un fait emportant une peine afflictive ou infamante (Art. 83) ;

2° Lorsqu'il s'agit d'un vol puni d'un emprisonnement correctionnel (Art. 83) ;

3° Lorsque le prévenu n'a pas comparu sur l'exploit de citation qui lui a été adressé (Art. 81).

Ni l'exploit de citation ni le mandat d'amener ne doivent être motivés, par l'indication du fait.

Les mandats sont décernés par le président du tribunal (Art. 83). C'est devant lui que l'inculpé, saisi en vertu d'un mandat d'amener, doit être immédiatement conduit ou dans les 24 heures au plus tard (Art. 99).

Le Président, à l'inverse de notre juge d'instruction, ne peut prendre aucune décision. Dans les 48 heures à partir de la comparution de l'inculpé, il est tenu de réunir la *commission d'instruction* (Art. 99). C'est cette commission qui décide, après avoir entendu le prévenu, s'il y a lieu de l'incarcérer ou de le mettre en liberté (Art. 99 et 105). Elle ne l'envoie en détention que s'il existe contre lui de graves indices de culpabilité, et si le fait incriminé entraîne soit une peine afflictive ou infamante soit un emprisonnement correctionnel (Art. 104).

Le prévenu dont la détention a été ordonnée est écroué dans une maison d'arrêt sur un ordre signé par le Président de la commission (Art. 106). Cet ordre ou mandat d'arrêt doit être motivé.

De la liberté provisoire. — La liberté provisoire sous caution peut être demandée et accordée en tout état de cause (Art. 116.) Mais, si léger que soit le délit, elle n'est jamais un droit pour l'inculpé.

Elle n'est jamais accordée ni aux vagabonds, ni aux accusés d'un crime entraînant une peine afflictive ou infamante, ni à ceux qui auraient été précédemment condamnés à une peine de cette nature (Art. 199).

Le cautionnement consiste soit dans le dépôt d'une somme, soit dans l'engagement pris par un tiers (Art. 120). Cet engagement garantit, non seulement la représentation de l'individu, mais encore toutes les condamnations qui peuvent être prononcées contre l'inculpé (Art. 121.)

L'art. 122 fixe à la somme de 3000 fr. le maximum de cautionnement. C'est une disposition regrettable. Ce même article, en effet, dispose que la commission d'instruction ne doit accorder la liberté sous caution que dans le cas où le cautionnement est une garantie suffisante contre la fuite de l'inculpé.

Il en résulte que, si celui-ci est très riche, la liberté provisoire pourra lui être refusée, par la raison que le dépôt maximum de 3000 fr. ne garantit pas suffisamment la représentation.

§ 3. — *Canton de Vaud.*

La procédure pénale est régie dans le canton de Vaud par le Code de procédure du 1er février 1850 et par l'art. 8 de la loi du 17 mai 1875 sur l'organisation des établissements de détention.

I. *De la détention préventive.* — Ces lois reconnaissent cinq espèces de mandats :

1° *Le mandat d'avis*, par lequel le juge fait une communication à l'inculpé (Art. 32).

2° Les mandats de comparution, d'amener, de dépôt et d'arrêt qui ont le même caractère et le même effet que dans notre législation (Art. 33, 34, 35 et 36).

Tous ces mandats doivent être motivés (Art. 37).

II. — *De la liberté provisoire.* — La théorie de la mise en liberté provisoire est contenue dans les art. 77 à 84. Elle est accordée, dit l'art. 77, « lorsque le juge estime, prenant en
» considération la nature du délit et les circonstan-
» ces de la cause : 1° qu'il n'en résulte pas d'incon-
» vénient pour l'instruction du procès; 2° que la fuite
» du prévenu n'est pas à présumer; 3° qu'il n'est pas
» à craindre que le prévenu abuse de sa liberté pen-
» dant l'information ; 4° que la mise en liberté
» n'est pas de nature à produire un fâcheux effet
» sur l'opinion publique. — Le juge peut d'ail_
» leurs, si les garanties personnelles du prévenu
» ne lui paraissent pas suffisantes, exiger un cau-
» tionnement. »

On voit que le juge de paix chargé de l'enquête jouit, en cette matière, d'un pouvoir discrétionnaire; il est le maître du sort de l'inculpé, il a le droit de l'élargir après lui avoir refusé son élargissement, ou de le faire incarcérer après lui avoir accordé sa liberté.

Toutefois en matière de presse et de contravention de police municipale, le prévenu doit rester libre (Art. 83). Cette disposition mérite d'être notée, parce que le tribunal de police municipale est appelé à prononcer, non seulement la peine de l'amende, mais même des peines d'emprisonnement n'excédant pas 100 jours. (Art. 21).

Le pouvoir du juge informateur reçoit, du reste, un autre correctif. Le tribunal d'accusation exerce un contrôle sur tous ses actes, l'inculpé a le droit de déférer sa décision à ce tribunal (Art. 82). Mais le recours n'est pas suspensif; la sentence du juge est provisoirement exécutoire.

La liberté provisoire peut être demandée en tout état de cause, et produit ses effets jusqu'au jour du jugement à moins de décision contraire (Art. 81). Le cautionnement a un maximum de 4000 fr.

En résumé, ce Code est imparfait quant à la liberté provisoire; mais il organise bien la détention préventive. Aussitôt que le prévenu est mis en état d'arrestation, la responsabilité du juge de paix est engagée; entre le débiteur et lui, personne ne s'interpose; non seulement l'interrogatoire est exigé, mais le geôlier ne reçoit d'ordres que du juge; aucune mesure de rigueur ne peut être employée contre les détenus; le juge informateur conserve l'inspection de la prison et la surveillance de l'accusé jusqu'au moment où le président du tribunal est nanti des pièces. Celui-ci exerce, dès lors, ces attributions jusqu'au jour où le préfet est chargé de l'exécution de la peine. Ainsi, c'est toujours un magistrat qui prescrit les mesures provisoires ; et la responsabilité de ce magistrat n'est pas illusoire ; si le prévenu a des plaintes à déposer au projet de sa détention, il peut les faire insérer au procès-verbal, et même las adresser directement au tribunal d'accusation (1).

§ 4. — *Canton de Neufchâtel.*

Un nouveau Code de procédure pénale, contenant 468 articles, a été promulgué le 21 mai et rendu exécutoire à partir du 1ᵉʳ juin 1875.

Le chapitre IV « Du mandat et de sa notification » définit les cinq espèces de mandats qui sont à la disposition de l'autorité judiciaire : Le *mandat d'avis,* simple communication émanée du juge d'instruction ; et les *mandats de comparution, d'amener, de dépôt et d'arrêt,* qui ont le même objet que les mandats appelés de ce nom par notre Code.

Le chapitre VI traite de la détention préventive et de la liberté provisoire.

Les articles relatifs à la détention préventive ne présentent rien de particulier et nous signalerons seulement les termes de l'art. 59 : « Les prévenus » doivent être traités avec tous les égards compatibles avec le but de la détention préventive, qui est seulement de s'assurer de leur

(1) Pirol, De la liberté provisoire

» personne, et de parvenir à la découverte de la vé-
» rité. Aucune mesure de rigueur ne peut être em-
» ployée contre les prévenus, à moins qu'elle ne
» soit nécessaire pour réprimer des voies de fait
» ou des actes de violence. Dans ce seul cas,
» le juge peut ordonner des précautions répres-
» sives. »

Quant à la liberté provisoire, elle est la règle pour
les délits (Art. 62) ; c'est à titre exceptionnel seulement qu'une détention préventive peut être ordonnée, si les faits présentent un caractère particulier de gravité ou si le prévenu n'a pas de domicile
fixe. Pour les crimes, au contraire, la détention
préventive est le principe ; mais l'accusé peut être
autorisé par le juge d'instruction et le procureur
général, ou, en cas de dissentiment entre eux, par
la chambre d'accusation, à demeurer en liberté provisoire moyennant caution.

CHAPITRE III.

ALLEMAGNE.

es dernières années, la législation des
'Allemagne s'est transformée.
'5, Mittermaïer indiquait ce mouvement.
it partout en Allemagne se manifester la
ce des jurisconsultes éclairés à étudier la
ure criminelle anglaise en la comparant
elle de la France, et la conviction qu'il
'efforcer principalement de simplifier la
ure ». Compte rendu de l'Acad. de
mor. et pol. 1855, 31ᵉ vol. 377).

De l'ancienne législation bavaroise.

islations particulières des États de l'Alle-
nt été remplacées par le Code de 1870,
s parlerons bientôt, et qui régit actuelle-
t l'Empire d'Allemagne.

armi ces lois anciennes, il en est une qui
'être citée, bien qu'elle ne soit plus en
c'est la loi bavaroise.

ait réglé ce qui concerne la détention pré-
ec un soin remarquable.

voir établi que tout inculpé sous le coup
usation capitale ou d'une poursuite en-
n emprisonnement de huit années, devra

être mis en arrestation (Art. 38 et 39), le législateur divise au point de vue de la détention préventive les prévenus en deux classes, selon la confiance qu'il leur accorde.

Dans la première classe, il range les Bavarois ayant leur domicile réel dans le royaume et quelques catégories privilégiées. Lorsque ces personnes sont poursuivies pour des délits entraînant un emprisonnement de plus d'un an et de moins de huit ans, elles ne peuvent être arrêtées préventivement que dans quatre hypothèses : si elles donnent des craintes de fuite ; — si elles ont défaut à un acte d'information après avoir été régulièrement citées ; — si elles exercent une pression sur leurs complices ou leurs témoins ; — ou bien si déjà elles ont été condamnées à une peine supérieure à un an.

Dans une seconde classe sont reléguées toutes les personnes que ne désigne pas la première. Le législateur livre celles-ci au bon plaisir du magistrat sans leur accorder d'autres garanties que la conscience de leur juge (Art. 41). Il recommande cependant de n'ordonner, en pareil cas, l'arrestation qu'à défaut de tout autre moyen plus doux (Art. 42). D'ailleurs le prévenu peut faire réformer la décision qui l'a privé de sa liberté par le tribunal supérieur, qui est compétent pour ordonner l'élargissement immédiat (Art. 45).

II. Liberté provisoire — Elle peut toujours être demandée, sauf dans les cas de crime entraînant la peine de mort ou une détention supérieure à huit années : mais l'accusé n'a le droit de l'exiger que dans le cas où la loi lui permet d'attendre en liberté son jugement ; de sorte qu'une fois la liberté sous caution est une garantie que le législateur applique à tous les Bavarois domiciliés et sous le coup d'une poursuite qui peut entraîner plus d'un an de prison. C'est là un progrès incontestable

Le tribunal d'arrondissement ou le juge d'instruction qui a décerné le mandat sont compétents pour connaître de la demande d'élargissement ; l'inculpé, en cas de refus, a le droit d'interjeter appel. La loi bavaroise cependant a méconnu le principe de la libre fixation par le juge du cautionnement à fournir.

Mais cette loi, en définitive, crée aux indigènes une situation très favorable ; elle accorde au juge d'instruction des pouvoirs aussi grands en faveur de défense qu'en faveur de l'accusation.

§ 2. — *Empire d'Allemagne.*

Le Code d'instruction criminelle pour l'empire d'Allemagne, mis en vigueur le 1ᵉʳ octobre 1879, a eu pour but de faire disparaître les divergences qui existaient entre les Codes des divers États allemands.

Les articles 112 à 132 du nouveau Code traitent de l'arrestation et de la détention préventive.

L'arrestation est ordonnée, comme mesure d'instruction, dans les cas graves, lorsqu'on peut craindre que l'accusé ne prenne la fuite ou ne fasse disparaître les traces de son crime.

L'inculpé peut toujours être mis en état d'arrestation, s'il est poursuivi pour un crime, s'il est étranger ou en état de vagabondage, et en général toutes les fois qu'il y a lieu de supposer qu'il ne se présentera pas sur une simple citation.

L'arrestation a lieu sur un mandat d'arrêt délivré par le juge. L'inculpé doit être interrogé au plus tard dans la journée qui suit son arrestation. Il peut être laissé en liberté provisoire, s'il donne des garanties suffisantes ; ces garanties consistent soit dans le dépôt d'une somme d'argent, soit dans la remise d'un gage, soit dans la présentation d'une caution.

Un mandat d'amener peut être décerné contre l'inculpé, toutes les fois que les circonstances autoriseraient la délivrance d'un mandat d'arrêt (Art. 133 à 136).

Les articles 137 à 150 contiennent des dispositions très importantes.

L'inculpé est autorisé à réclamer l'assistance d'un défenseur à tout moment de la procédure. S'il n'a pas choisi lui-même son défenseur, celui-ci est désigné d'office par le président du tribunal ou par le juge d'instruction. L'inculpé a le droit de communiquer librement avec son défenseur, verbalement ou par écrit. Toutefois, tant que l'instruction n'est pas close, le juge peut exiger la communication des notes manuscrites transmises par l'inculpé, et même déléguer aux entrevues du prévenu et de son conseil un représentant de l'autorité judiciaire, du moins lorsque le prévenu est emprisonné et que l'emprisonnement n'a pas été uniquement motivé par la crainte de lui voir prendre la fuite.

CHAPITRE IV.

AUTRICHE.

L'instruction criminelle de l'Autriche a été régie successivement par les Codes de 1803, de 1850 et de 1853. Dans ces dernières années, le mouvement libéral a donné naissance à un nouveau Code voté le 23 mai 1873, et mis en vigueur à partir du 1er janvier 1874 (1).

Ce Code admet un système intermédiaire entre notre législation et la législation anglaise. Il applique et développe le principe de la procédure accusatoire, orale et publique, déjà posé par la loi du 21 décembre 1867 sur le pouvoir judiciaire. Mais il conserve le ministère public; et, dans son chapitre III, il en définit le caractère et réglemente les attributions.

« Les procureurs d'État doivent poursuivre d'of-
» fice tous les actes punissables qui parviennent à leur
» connaissance, *sauf ceux qui ne peuvent donner*
» *lieu à une instruction et à une condamnation que*
» *sur la demande de la partie intéressée.* » Ainsi, en principe, le ministère public exerce l'action publique, d'office et de son propre mouvement.

(1). Voir la traduction de ce Code par MM. Bertrand et Lyon Caen, publiée par la Société de législation comparée.

Mais il n'en a pas le monopole exclusif ; et par exception, il y a des cas où le particulier seul peut agir.

Les dispositions du Code autrichien peuvent se diviser, au point de vue des garanties qu'elles accordent à l'inculpé, en deux catégories bien distinctes. Celles qui touchent à la détention préventive et à la liberté provisoire sont inspirées par un sentiment de défiance et de rigueur. Les autres, au contraire, sont empreintes d'un esprit très libéra, et favorisent dans une grande mesure la liberté de la défense.

§ 1. — *Détention préventive et liberté provisoire.*

En principe, le juge d'instruction ne doit décerner qu'un mandat de comparution : « l'inculpé » devra, dans tous les cas où la loi n'en a pas autre- » ment ordonné, être simplement cité pour être » entendu » (Art. 173). Mais la règle posée par cet article n'a pas une grande portée, elle se trouve presque complètement effacée par les exceptions contenues dans les articles suivants.

Ainsi, le juge peut décerner un mandat d'amener si la personne citée ne comparaît pas et ne fournit pas de motifs d'excuse suffisants (Art. 174).

Il peut délivrer un mandat de dépôt provisoire lorsque l'inculpé a été pris en flagrant délit, lorsqu'il y a lieu de craindre, à raison des circonstances, qu'il ne prenne la fuite, et lorsqu'il a essayé, en agissant sur les témoins, les experts ou ses co inculpés, d'empêcher la découverte de la vérité et de faire disparaître les traces de son crime.

Enfin le juge doit décerner immédiatement un mandat d'arrêt contre l'accusé d'un crime puni de la peine de mort ou de dix ans au moins de réclusion (Art. 175). Ce même article autorise la détention
» préventive : « *lorsqu'il y aura lieu de présumer que*
» *l'inculpé prendra la fuite, de penser qu'il agira sur*
» *les témoins, de craindre qu'il ne commette le fait à*
» *nouveau.* » C'est dire que la police est armée d'un pouvoir absolu et arbitraire.

La loi autrichienne établit une distinction entre le dépôt provisoire de l'inculpé et sa détention préventive proprement dite. Celle-ci n'est ordonnée que par le juge d'instruction ; le dépôt provisoire peut l'être par d'autres fonctionnaires de la justice et de la police : par le juge de district compétent pour procéder aux constatations préliminaires, lorsque l'inculpé après son interrogatoire semble être l'auteur du fait qui lui est reproché (Art. 89) ; par les autorités de police lorsque le prévenu se trouve dans les cas si mal définis de l'article 175.

C'est quelque chose de considérable et même d'exorbitant que ce pouvoir donné à des agents subalternes d'arrêter sans mandat et de mettre l'inculpé en dépôt provisoire. Aussi le législateur a établi que le dépôt provisoire ne se prolongerait ţas au delà de 48 heures ; à l'expiration de ce délai au plus tard, l'inculpé doit être traduit devant le juge d'instruction (Art. 175). Celui-ci l'interroge dans les 24 heures ; il décide après l'interrogatoire s'il y a lieu de le laisser en liberté ou de le constituer en état de détention préventive (Art. 179).

La décision préventive est obligatoire quand il s'agit d'un crime emportant la peine de mort ou une peine minimum de dix ans de réclusion. Dans tous les autres cas, elle est facultative pour le juge (Art. 180).

La loi a organisé la détention préventive par crainte de collusion (Art. 175, t. 3). Elle est même allée dans cette hypothèse jusqu'à l'autoriser alors qu'il s'agit d'une simple contravention (Art. 452-3°). Cette détention préventive par crainte de collusion peut durer deux mois ; elle peut même, exceptionnellement et sur la proposition du ministère public ou du juge d'instruction, être maintenue pendant trois mois; à dater du jour où elle a commencé, par la cour de seconde instance, s'il y a des motifs graves, et si l'instruction exige de grandes recherches (Art. 190-2°).

Les conseils donnés sur le traitement des inculpés en prison ne sauraient adoucir la rigueur de pareilles dispositions ; elles sont l'exagération mamanifeste d'une mesure parfois nécessaire et le renversement de tout principe d'équité.

Quant à la liberté provisoire, il faut distinguer la liberté sans caution et la liberté sous caution.

La mise en liberté sans caution est accordée par la chambre du conseil (Art. 197). Elle n'a lieu qu'autant que le fait n'emporte pas une peine de plus de cinq ans de réclusion (Art. 161).

Quant à la mise en liberté provisoire sous caution, elle n'est-pas possible si le crime emporte peine de mort ou au moins dix années de réclusion (Art. 180, 192 et 194). Elle est au contraire, quand le fait n'est puni que de la réclusion, tantôt un droit pour l'inculpé, tantôt une simple faculté pour le juge.

Elle est un droit s'il ne s'agit pas d'une peine de cinq ans de réclusion au moins ; ce n'est pas le juge d'instruction, mais la chambre du conseil qui fixe le cautionnement. Quand la peine encourue est supérieure, la cour de seconde instance a la faculté d'accorder à l'inculpé sa mise en liberté provisoire.

Cette dernière disposition est certainement digne d'éloges. Mais les règles sur la détention préventive sont assez rigoureuses pour faire tache dans une législation, qui présente beaucoup d'autres mérites, et qui a su, sur les autres points, montrer quelque souci de la liberté individuelle.

§ 2. — *De l'interrogatoire de l'inculpé et de son droit de communiquer avec son défenseur.*

En cette matière, en effet, l'inculpé reçoit les plus sérieuses garanties.

Art. 45 : « Au cours des constatations prélimi-
» naires et de l'instruction, l'inculpé peut se faire
» assister d'un conseil choisi sur la liste des défen-
» seurs, soit pour veiller à la conservation de ses
» droits à chaque acte de la procédure qui intéresse
» directement l'établissement du fait et qui ne peut
» être renouvelé plus tard, soit pour suivre sur un
» recours déjà formé par lui. S'il est détenu, il
» pourra s'entretenir avec lui en présence d'une per-
» sonne attachée au tribunal. Ce conseil pourra
» prendre connaissance de tout ou partie des actes
» si le juge d'instruction et, en cas de contestation,
» la chambre du conseil juge cette communication
» compatible avec le but de l'instruction. — En tout
» cas, il doit lui être délivré, sur sa demande, copie
» du mandat d'arrêt et de ses motifs, ainsi que de
» toute ordonnance du juge contre laquelle l'inculpé
» s'est pourvu. »

Le défenseur ne peut pas assister l'accusé pendant son interrogatoire (Art. 97), mais il peut le
soutenir de ses conseils durant l'instruction, et le
Code lui donne expressément le droit de prendre
communication des pièces de la procédure (Art. 45)
d'assister au constat, aux visites domiciliaires, à
la perquisition des papiers, et d'indiquer les objets
auxquels doivent s'étendre ces constatations et ces
recherches (Art. 97).

Quant à l'interrogatoire de l'inculpé, il doit être
poursuivi avec l'impartialité la plus grande.

Art. 198 : « Au cours de l'instruction, l'inculpé

» devra être interrogé par le juge d'instruction
» hors la présence de l'accusateur ou de personnes
» autres que celles autorisées par la loi. Il devra
» être procédé à l'interrogatoire avec modération
» et patience. En principe, l'interrogatoire sera
» oral. Cependant le juge d'instruction pourra
» permettre de répondre par écrit sur certains
» points difficiles à expliquer. Les témoins instru-
» mentaires ne pourront assister à l'interrogatoire
» de l'inculpé que lorsque le juge d'instruction le
» jugera nécessaire, ou lorsque l'inculpé le deman-
» dera. »

Art. 199. — « Les questions devront être posées
» de façon à faire connaître à l'inculpé tous les mo-
» tifs de suspicion qui pèsent sur lui, et de façon à
» le mettre à même de les détruire ou de les con-
» firmer. S'il invoque des faits ou des preuves à
» sa décharge, il y aura lieu de vérifier ces allé-
» gations, à moins qu'elles n'aient manifestement
» pour but de retarder l'instruction de l'affaire.

Art. 200. — « Les questions posées à l'inculpé
» ne devront être ni vagues, ni obscures, ni ambi-
» guës, ni captieuses. Elles devront dériver l'une
» de l'autre dans un ordre logique. »

Art 201. — « Les pièces à conviction doivent être
» présentées à l'inculpé afin qu'il les reconnaisse. »

Art. 202. — « Il ne pourra être employé ni pro-
» messes, ni représentations, ni menaces, ni
» moyens de contrainte, pour amener l'inculpé à
» faire des aveux ou autres déclarations détermi-

» nées. L'instruction ne pourra plus être retardée
» par les efforts faits en vue d'obtenir un aveu. »

Art. 206. — » L'aveu de l'inculpé ne dispensera
» pas le juge d'instruction de rechercher les preu-
» ves nécessaires à la démonstration du fait. — Si
» l'aveu est général et confirmé par les autres don-
» nées de l'instruction, l'obligation de procéder à
» de nouvelles investigations sera subordonnée
» aux réquisitions spéciales de l'accusateur. »

CHAPITRE V.

ITALIE

Nous examinerons d'abord les anciens codes de Sardaigne, de Toscane et des Deux-Siciles, et ensuite le nouveau code applicable à l'Italie tout entière.

§ 1. — *Sardaigne.*

Le Code sarde promulgué le 20 novembre 1859 et rendu exécutoire le 1er janvier 1860, a pris pour base les principes de notre Code français, mais il a modifié plusieurs de ses dispositions.

I. *Détention préventive.* — Il n'a été établi que deux sortes de mandat : *le mandat de comparution et le mandat d'arrêt.* Le premier remplit le rôle de citation forcée, le second sert à ordonner ou à maintenir l'arrestation de l'inculpé.

Le mandat de comparution peut seul être décerné quand l'inculpé n'est passible que d'une amende.

Le mandat d'arrêt, au contraire, peut seul être décerné quand l'inculpé est accusé d'un crime.

En dehors de ces deux cas extrêmes, le juge est absolument libre de choisir entre les deux mandats. La loi se borne à lui donner quelques conseils de prudence. Notons cependant que les vagabonds, les mendiants, les récidivistes et autres personnes suspectes doivent être l'objet d'un mandat d'arrêt. Le juge a la faculté, quel que soit le titre de la poursuite, de donner mainlevée du mandat, et son ordonnance à cet égard n'est pas susceptible d'être attaquée par l'appel du ministère public.

II. *Liberté provisoire,* — En cas de délit, le prévenu a le droit d'obtenir sa liberté provisoire sous caution (Art. 107), à moins qu'il n'ait pas de domicile ou de résidence connue, ou qu'il ait été déjà condamné à une peine criminelle.

La liberté provisoire peut être accordée en tout état de cause. Le chiffre du cautionnement doit être déterminé suivant les circonstances, eu égard à la condition du prévenu, à la nature de l'infraction, aux réparations civiles, aux amendes et aux frais. Les pauvres peuvent être dispensés de fournir caution, si les informations prises par leur moralité sont favorables.

L'autorité qui accorde la liberté provisoire a la faculté. si des circonstances particulières l'exigent d'ordonner que le prévenu ou l'accusé se tiendra éloigné d'un lieu déterminé (1).

Dès que le prévenu libre a négligé de répondre à une citation, il est immédiatement arrêté.

---

(1) Cette disposition, fort utile pour faciliter l'enquête, paraît difficile à faire passer dans la pratique. Le Code Sarde en a fait cependant une peine correctionnelle sous le nom *désilio locale.*

§ 2. — *Toscane.*

Le décret du 22 novembre 1849, qui a règlementé en dernier lieu la procédure criminelle, a copié, sur la grande majorité des points, notre Code d'instruction criminelle,

Signalons cependant une particularité notable.

Le législateur a essayé d'apporter un remède à la détention préventive en décidant que la durée de la détention sera imputée sur la durée de la peine, toutes les fois que la durée de la procédure aura été excessive. D'après l'art. 51 est imputée avoir eu une une durée excessive toute procédure qui a duré plus de cinq jours pour les infractions les plus légères, plus d'un mois pour les délits et plus de trois mois pour les crimes. Toute détention qui dépasse cette durée, compte comme peine subie. Si la peine prononcée est simplement pécuniaire chaque jour de détention diminue de 5 livres (4 fr. 20) l'amende encourue.

La détention préventive n'est pas admise contre les prévenus de délits emportant une peine pécuniaire. Cependant les étrangers, les inconnus et les gens sans domicile peuvent être arrêtés sous l'inculpation de ces délits ; ils doivent être mis en liberté s'ils offrent de déposer une caution , et cette caution ne doit pas être inférieure à 200 livres (168 fr.) ni supérieure à 2,000 (1,680 fr).

§ 3. — *Deux-Siciles.*

Le Code des Deux-Siciles reconnaît cinq mandats : deux mandats de détention et trois mandats qui règlent et qui limitent la liberté provisoire.

L'inculpé est amené devant le magistrat instructeur en vertu d'un *mandat de dépôt* qui doit être converti en *mandat d'arrêt,* si les charges sont suffisantes. Pour tous les délits, l'inculpé a le droit de réclamer sa mise en liberté provisoire. Celle-ci est accordée par la cour criminelle *sous mandat pour la résidence de la grande Cour, sous mandat de consignation ou sous mandat de caution.*

Le *mandat pour résidence de la grande cour* est un ordre de la cour criminelle accepté par le prévenu, avec l'obligation prise au greffe de ne pas sortir des limites de la commune où elle siège. Quelquefois on joint à cet ordre la condition de se rendre tous les jours dans la salle du palais de justice et pendant le temps des audiences de la grande cour. Pour assurer la stricte exécution de ce mandat, la loi se contente d'une simple caution juratoire. Ce mandat a une grande analogie avec cette demi-surveillance organisée sous la procédure française au XVIIe siècle, qui consistait à donner pour prison à l'accusé le lieu de la juridiction ou des grands chemins.

Le *mandat sous consignation* offre une ressemblance frappante avec la *custodia* du droit romain. En effet, il emporte l'obligation de la part d'un garant de représenter l'accusé à tout ordre de la grande cour, quel que soit le mode de garde auquel l'inculpé reste soumis. La consignation est donc une garantie accessoire qui s'ajoute à d'autres pour empêcher la fuite de l'accusé. Dans le cas où le garant ne représenterait pas l'inculpé dans le délai fixé, il doit payer une somme déterminée à titre de sanction pénale (Art. 116.)

Pour les cas moins graves, le Code a institué *l'élargissement sous caution* en permettant à la grande cour d'imposer à l'inculpé l'obligation de se représenter à toute réquisition, sous la peine du paiement d'une somme déterminée en cas d'inexécution (Art. 117).

Toutes les dispositions qui règlent la fixation, le dépôt et le recouvrement du cautionnement sont imitées du Code français

§ 4. — *Nouveau Code Italien.*

Une loi très importante du 5 juillet 1876 (1) a modifié dans une large mesure la législation ancienne sur les mandats de comparution et d'arrêt ; elle a donné à la liberté provisoire, comme on l'a dit dans la discussion de la loi son statut, *d'habeas corpus.*

Le juge d'instruction a la faculté ou l'obligation, suivant que le cas est plus ou moins grave, de décerner un mandat de comparution ou un mandat d'ar-

(1) *Annuaire de législation étrangère,* 1877, p. 391.

rêt. Mais il ne peut délivrer qu'un mandat de comparution quand le fait entraîne seulement la peine de l'interdiction des fonctions publiques, ou une peine d'emprisonnement inférieure à trois mois (Art. 182).

Le mandat de comparution peut être converti en un mandat d'arrêt si l'inculpé ne comparaît pas sans justifier d'un empêchement légitime, ou s'il paraît nécessaire, après son interrogatoire, de s'assurer de sa personne (Art. 183 et 184). Mais, dans ce dernier cas, le juge doit, avant de convertir le mandat de comparution en un mandat d'arrêt, prendre les conclusions du ministère public (Art. 187).

Dans le cours de l'instruction, et tant que la chambre du conseil n'est pas saisie, le magistrat instructeur est tenu, sur la demande de l'inculpé ou même d'office, après avoir pris les conclusions du ministère public, de rapporter le mandat d'arrêt. 1° quand le fait incriminé perd la qualification en raison de laquelle le mandat avait été délivré ; 2° quand les preuves et indices sont infirmés (Art. 185). Mais l'inculpé doit promettre de se présenter à toute réquisition ; et le juge conserve la faculté de prendre un nouveau mandat d'arrêt, si les circonstances l'exigent. Il peut même, suivant les cas, exiger de l'inculpé une caution, comme condition essentielle de la mainlevée du mandat (Art. 187).

L'inculpé peut appeler devant la chambre du conseil de l'ordonnance du juge d'instruction rendue contrairement à sa demande (Art. 185.) Cette chambre possède d'ailleurs, sur les actes du juge‘ un contrôle très étendu, qui garantit sérieusement les droits de l'inculpé (Art. 197 à 205).

La mise en liberté provisoire sous caution est possible pour tous les crimes ou délits qui n'entraînent qu'une peine temporaire (Art. 205).

Mais l'article suivant restreint un peu l'étendue de cette disposition : « ne peuvent, en aucun cas,
« être mis en liberté provisoire ; 1° les gens sans
» profession, les mendiants et les autres personnes
» suspectes, énumérées au chapitre III, titre VIII,
» livre II du Code pénal, les individus déjà con-
» damnés à une peine criminelle, les inculpés
» d'un délit, contre lesquels il peut être délivré un
» mandat d'arrêt, conformément aux dispositions
» des numéros 1, 2 et 3 du premier paragraphe
» de l'article 182, et les prévenus de vol, escroque-
» rie ou fraudes, poursuivis de nouveau pour les
» mêmes faits ; — 2° les individus pris en flagrant
» délit ; — 3° les prévenus des délits de rébellion,
» de résistance ou de violence contre les déposi-
» taires de l'autorité publique ou les agents de la
» force publique, ou des délits indiqués à l'article
» 45 du même Code pénal, excepté quand, pour ces
» derniers, la chambre d'accusation a renvoyé la
» cause au tribunal correctionnel, aux termes de
» l'article 110, ou, s'il s'agit de mineurs de 18 ans,
» prévenus de vol, quand ils ne sont pas en état de
» récidive. »

L'inculpé peut demander sa liberté provisoire en tout état de cause (Art. 208) ; il peut faire soutenir sa demande par un défenseur (Art. 210).

Les inculpés indigents peuvent être dispensés de l'obligation de fournir caution, si l'on recueille par eux des renseignements de moralité favorables. (Art. 214).

CHAPITRE VI.

ANGLETERRE

§ 1. — *Idées générales sur la procédure anglaise.*

Nous avons étudié jusqu'à ce moment les législations de l'Europe qui, bien qu'elles présentent avec la nôtre d'assez nombreuses différences, admettent cependant comme elle l'institution du ministère public.

La législation anglaise, au contraire, ne reconnaît pas de ministère public. Elle pratique la méthode accusatoire, suivie jadis dans le droit attique et dans le droit romain. L'action tentée et poursuivie par le particulier victime du délit ou du crime. Tel est le principe. Mais, par exception, si la partie lésée n'agit pas, l'autorité publique a le droit d'agir par l'intermédiaire d'un « avocat de la couronne. »

Comme la poursuite entraîne des frais assez considérables, des associations se sont formées en Angleterre, semblables à nos sociétés d'assurance mutuelle, entretenues par des cotisations, et agissant à leurs frais pour le compte de leurs membres. Les personnes trop pauvres pour payer ces cotisations et pour faire partie de ces sociétés, sont représentées dans leur action par la paroisse à laquelle elles appartiennent.

Disons cependant que l'Angleterre, mettant à profit les leçons de l'expérience, et les conseils de ses publicistes a tenté de se rapprocher des autres législations. En 1872, le *recorder* de Londres, lord Russell Gurney, déposa un projet de loi tendant à l'institution d'un ministère public dans les procès criminels ; la chambre des communes, dans les séances des 8 et 16 février 1872, prit ce projet en considération.

L'angleterre semblait donc avoir compris les dangers du système accusatoire. Cependant, fidèle à son caractère national, elle semblait craindre aussi de marcher trop vite dans la voie nouvelle où elle s'engageait ; elle ne voulait pas instituer le ministère public d'après le modèle que lui offraient la plupart des législations européennes.

D'après le projet, l'accusateur public *(public prosecutor)* était choisi parmi les avocats ; il était à peu près indépendant du pouvoir exécutif, et sa mission principale consistait à soutenir l'accusation à l'audience. C'est seulement dans les cas exceptionnellement graves qu'il était chargé de diriger les recherches de l'information préliminaire.

Mais ce projet n'a pas abouti (1). C'est toujours la méthode accusatoire qui est en vigueur. C'est elle que nous allons décrire dans ses traits princi-

1, Voir *Annuaire de législation étrangère*, année 1850, pages 13 et suivantes.

paux, en mettant surtout en relief les garanties qu'elle accorde à l'inculpé.

Le magistrat de police ne ressemble pas à notre juge d'instruction. Ce n'est pas à lui qu'il appartient de rechercher et de rassembler les preuves. Tous les actes de la procédure, les recherches, les renseignements recueillis, les perquisitions, les procès-verbaux de constat, tout est laissé aux soins de l'accusateur privé, aidé par l'armée de la police (1). Celle-ci se compose du constable, de l'inspecteur de police, du commissaire de police et du surintendant de police.

Le commissaire de police a la qualité de juge de paix ; il peut lancer des mandats d'arrêt et même ordonner des perquisitions domiciliaires, par les inspecteurs de police et les constables.

Le magistrat d'instruction siège tous les jours. L'accusateur arrive devant lui avec l'inculpé ; il fait déposer les témoins à charge, et cherche à établir les preuves du délit ou du crime et de la culpabilité de celui qu'il accuse. Celui-ci se défend lui-même ou par l'organe d'un avocat, contredit les témoignages, discute les preuves invoquées contre lui, fait entendre les témoins à décharge, fait subir aux témoins à décharge un contre-interrogatoire. Bref, entre l'accusateur et lui, c'est un procès ordi-

(1) Il y a des associations qui se sont formées pour la découverte et la poursuite de certains crimes, comme la prostitution de la jeunesse, les faux sur les papiers publics. Dans les dernières années, on en comptait plus de 500.

naire. L'accusateur doit établir les faits et les preuves. Quant à l'inculpé il a le droit de ne pas parler si ces faits et ces preuves ne sont pas établis.

L'audience est publique. Les anglais pensent que la présence du public et surtout de la presse éclaire immédiatement l'opinion publique, facilite et en même temps contrôle l'œuvre et la conduite du magistrat. Pour les infractions les plus graves, celui-ci peut ordonner la non publicité de l'audience. Mais cette mesure ne s'applique jamais à la presse; celle-ci est toujours admise.

Après ces débats contradictoires entre l'accusateur et l'accusé, si le magistrat de police trouve l'instruction incomplète et insuffisante, il renvoie à un autre jour « *pour plus ample informé.* »

Sinon, il statue sur-le-champ ; et, suivant sa conviction, il acquitte ou condamne l'inculpé. Toutefois, si l'infraction reconnue par lui dépasse sa compétence, il doit renvoyer l'affaire devant le *grand jury d'accusation* (1).

Le grand jury peut être également saisi *de plano* par l'accusateur lui-même. Il se décide, dans l'un et l'autre cas, d'après l'acte d'accusation et les témoins à charge, mais sans entendre l'inculpé et les témoins à décharge; son audience n'est pas publi-

______

(1) Cette dénonciation de *grand jury* vient du nombre de ses membres. D'après la loi, il est composé de 30 membres, mais il peut statuer au nombre de 12. Le *petit jury* est celui qui siège à la cour d'assises, qui prononce le verdict d'acquittement ou de condamnation, et qui est, par conséquent, une juridiction de jugement.

que. Après suffisante information, s'il pense la culpabilité est vraisemblable, il renvoie l'affaire devant la cour d'assises (1).

§ 2. — *De la détention préventive.*

On comprend qu'avec un pareil système de procédure, la théorie de la détention préventive et de
la liberté provisoire doit être en Angleterre bien
autrement réglée qu'en France.

En principe, l'arrestation de l'inculpé ne peut
être opérée qu'en vertu d'un ordre émané de la
justice. Mais il est des cas, et même assez
nombreux, où cet ordre n'est pas nécessaire :

1° Lorsqu'un individu est sur le point de commettre un crime ; 2° lorsque le constable a des motifs sérieux, ou même de simples soupçons, pour
croire qu'un individu s'est rendu coupable d'un crime
de haute trahison, et en général d'un crime grave (2);
3° en matière de flagrant délit, sans aucune distinction, et même pour un grand nombre de contraventions (3).

Le droit d'arrestation est très étendu, plus étendu
qu'en France. Certains statuts laissent aux constables

(1) Il paraît que les Anglais ne sont pas très satisfaits de ce grand
jury ; ils lui reprochent de s'instruire trop vite et sans publicité, de
pouvoir être saisi *de plano* par l'accusateur, et de ne pas entendre
l'accusé. Il paraît même que, dans la pratique cette situation est
exploitée par des spéculateurs.

(2) Vict reg. Cap. XVII, sect. 65.

(3) Cap. XVI!, sect. 51.

le pouvoir le plus large. Les Anglais cependant ne paraissent pas se plaindre des abus. C'est que le constable agit sous sa responsabilité. Au jour des débats, il comparaît à l'audience; il rend compte de sa conduite; il est publiquement interrogé par l'accusé son défenseur; s'il a commis une erreur dans l'arrestation, le juge en examine la cause; si l'erreur n'est pas excusable le constable est puni de son excès de pouvoir, et condamné peut être à payer à la victime des dommages intérêts, blâmé surtout par la presse et l'opinion pulbique, qui exercent en Angleterre un contrôle si puissant et si salutaire. N'est-il pas vrai que ces garanties sont de nature à maintenir l'agent de l'autorité dans le respect et les limites de la loi ?

En Angleterre comme en France, l'inculpé peut être traduit en justice par la voie de l'arrestation. Celle-ci est employée en cas de crime, et même très souvent en cas de délit. Elle s'opère par le mandat ou warant.

Tout mandat doit, non seulement désigner clairement le prévenu, mais aussi le fait relevé contre lui et la loi qui punit ce fait. Cette règle, qui n'existe en France que pour le mandat d'arrêt, est la conséquence logique et nécessaire de la publicité de l'instruction anglaise.

Le prévenu arrêté est immédiatement conduit devant l'agent qui a décerné le mandat d'arrestation. Celui-ci a le droit, comme notre juge d'instruction, de l'envoyer dans une maison d'arrêt après lui avoir fait subir un interrogatoire, et même, ce qui est plus grave avant de l'avoir interrogé. Mais la pratique, plus équitable et plus sage, a corrigé cette rigueur de la loi. En fait, l'individu arrêté, est amené à la prochaine audience du tribunal de police et l'instruction de l'affaire commence le jour même.

A l'inverse de notre juge d'instruction, uniquement chargé de la procédure préparatoire, le juge de police anglais, comme nous l'avons dit, est un véritable magistrat et une véritable juridiction de jugement. Son rôle ne se borne pas à rechercher et à rassembler les preuves du délit. Il peut, à tout moment, apprécier les charges et, quand il est convaincu de l'innocence ou de la culpabilité du prévenu, il a le droit, si le fait incriminé est de sa compétence, de prononcer immédiatement l'acquittement ou la condamnation.

S'il retient l'affaire et s'il la renvoie pour plus ample informé, il doit fixer le jour où les débats recommenceront devant lui, et l'usage a établi que l'ajournement ne doit pas dépasser huit jours. Lorsque ce délai n'est pas suffisant, un nouveau sursis peut être accordé, mais seulement pour des motifs graves (1).

(1) Voici un fait qui témoigne de la haine des Anglais, pour les détentions préventives trop longtemps prolongées. Un magistrat de police ne se croyant pas suffisamment informé, avait renvoyé l'affaire à un jour fort éloigné. Quand l'accusé comparut devant la Cour d'assises, le juge qui la présidait engagea les jurés à l'absoudre, à raison de l'illégalité qui avait été commise contre lui et du préjudice qu'il avait souffert.

§ 3. — *De la liberté provisoire.*

La législation anglaise est très favorable à la mise en liberté provisoire. Celle-ci, comme en France, est tantôt une faculté pour le juge, tantôt un droit pour l'inculpé ; mais les cas où elle est un droit sont plus nombreux. A cause du libéralisme de la loi et des facilités de la pratique, on peut dire qu'elle est presque de droit commun.

Quand il s'agit d'un crime ou de certains délits très graves, le juge de paix ou de police est libre d'accorder ou de refuser la liberté provisoire. Il examine si la fuite du prévenu est à craindre, quel que soit le taux du cautionnement, et si, par suite du caractère profondément odieux du crime, l'accusé n'est pas indigne de cette faveur.

Dans tous les autres cas, la liberté provisoire est un droit pour l'inculpé. C'est la règle que la jurisprudence avait introduite dans le silence de la loi, et que l'acte du 11 août 1848 a maintenue.

En renvoyant l'affaire à une autre audience, le juge peut sans doute détenir l'inculpé ; mais en fait il le met en liberté provisoire, à moins qu'il ne redoute gravement sa fuite. Tandis que la liberté provisoire cesse en France à partir de l'arrêt de renvoi devant la Cour d'assises, elle continue en Angleterre jusqu'au jour du jugement. C'est par l'usage très étendu, sinon constant de la liberté provisoire, que les juges anglais adoucissent ce que les prescriptions légales peuvent avoir de rigoureux.

Dans le principe, presque tous les magistrats de l'ordre judiciaire pouvaient accorder à un accusé, jusqu'au jour de son jugement, sa liberté provisoire sous caution. Mais peu à peu cette faculté a été restreinte ; aujourd'hui elle est le plus ordinairement exercée par les juges de paix dans les comtés et par les magistrats de police à Londres. Notons cependant qu'un acte de 1859 reconnaît au *coroner* le droit de mettre en liberté sous caution, après le verdict du jury d'enquête, les accusés de meurtre ou de coups et blessures ayant entraîné la mort sans intention de la donner. Telle est la règle pour les délits et les crimes (1).

La liberté provisoire est accordée sur la demande du prévenu. Mais parfois c'est le magistrat lui-même qui la lui offre, dans le cas par exemple où il ne trouve contre lui que des charges douteuses.

En Angleterre, comme en France, le cautionnement peut consister soit dans une somme d'argent déposée, soit dans l'engagement pris par l'inculpé ou par un tiers ; mais ce dernier mode de cautionnement est beaucoup plus usité qu'en France.

Le juge a toute latitude pour fixer le chiffre du cautionnement. Il est admis en principe qu'il ne doit pas exiger une somme assez considérable, mais

(1) Une seule exception existe à l'égard des accusés de haute trahison : ils doivent adresser leur demande de liberté provisoire à un secrétaire d'État ou à un juge du banc de la Reine. — De même les personnes arrêtées par ordre d'une des deux chambres du parlement ne peuvent être élargies sous caution que par la chambre elle-même.

il peut élever le taux du cautionnement comme il l'entend, d'après la gravité du crime et la situation du prévenu (1).

En France, l'inculpé peut exercer un recours contre la décision qui rejette sa demande de liberté provisoire. En Angleterre, il est encore mieux protégé. Il peut faire appel à un juge du ban de la Reine ; et, si la caution a été injustement refusée, poursuivre directement le juge devant la cour supérieure. Il trouve enfin une dernière garantie dans l'acte d'*habeas corpus*.

En vertu de cet acte, tout homme arrêté peut exiger du geôlier une copie du mandat d'arrêt, copie qui doit lui être remise dans les six heures de la demande. Le prisonnier adresse une requête au chancelier ou à un juge du ban de la peine qui délivre un ordre d'*habeas corpus*.

La cour rend une ordonnance *(Writ)* d'*habeas corpus* et enjoint au fonctionnaire qui a mis l'accusé en état d'arrestation de le traduire immédiatement devant elle. Il suffit même, pour que cette ordonnance soit rendue, que les parents du détenu affirment par serment que celui-ci est soumis à un régime de contrainte si rigoureux qu'il lui est impossible de faire la demande.

L'inculpé est amené devant la cour. Le débat s'engage publiquement. La cour maintient la détention préventive ou prononce l'élargissement pro-

(1) Dans une accusation de faux, le cautionnement fut porté à 10,000 livres sterlings, (250,100) (Times du 20 avril 1855).

visoire. Si le prévenu a été mis en liberté par décision de la haute cour, il ne peut plus être arrêté de
nouveau à peine de 500 livres de dommages-
intérêts.

L'acte d'*habeas corpus* établit en principe que
toute personne poursuivie devra être jugée dans la
plus prochaine session ou admise à fournir caution,
et que si un prisonnier n'est pas jugé dans la deu-
xième session, il aura le droit d'attendre en liberté
sa comparution devant le jury. Rien de semblable
en France.

A côté de ces garanties offertes au prévenu contre l'arbitraire du juge, il en est d'autres qui résul-
tent des pouvoirs accordés à certains magistrats.
Tout juge ou président du tribunal a, dans le ressort
de sa juridiction, le droit d'admettre le prévenu
à fournir caution. Les juges de la cour suprême
peuvent mettre en liberté provisoire le prévenu
dont le cautionnement a été refusé par le juge de
paix ou de police.

On le voit, la législation anglaise est excessivement
libérale. Elle ne considère pas l'inculpé comme un
coupable, mais comme un innocent auquel tous les
moyens sont offerts pour écarter, dès le début de
l'information, les soupçons qui pèsent sur lui. Il a
un défenseur : il peut agir par lui-même, s'il est en
liberté provisoire. Il y a ainsi deux actions qui mar-
chent en même temps : celle de l'accusateur et
celle de l'inculpé. A mesure que l'accusateur ras-
semble les charges, l'inculpé les discute. Si des

témoins ont été entendus avant que l'accusé ait été arrêté, aussitôt qu'il est sous la main de la justice on lui donne connaissance des dispositions que l'on a recueillies par écrit. A chaque instant, il est appelé à fournir ses explications. L'instruction se développe ainsi rapidement d'une manière assurée.

CHAPITRE VII.

ÉTATS-UNIS D'AMÉRIQUE

Les Codes qui règlent aux Etats-Unis l'instruction criminelle se rapprochent beaucoup de la législation anglaise. Il nous suffira, par conséquent, après l'étude que nous venons de faire, d'indiquer les différences qui séparent les deux législations en observant surtout les lois de l'État de New-York révisées en 1849.

Pour tous les prévenus de délits, le droit à la liberté sous caution est absolu ; pour les accusés de crimes emportant la peine de l'emprisonnement, la liberté est une faculté pour le magistrat ; enfin, quand le crime emporte la peine de mort, l'accusé doit rester en prison jusqu'au jour du jugement.

Le prévenu auquel on refuse l'élargissement peut en appeler à la cour supérieure qui décide en dernier ressort.

La caution doit justifier par acte de ce qu'elle possède. On a permis récemment au prévenu de déposer lui-même une somme d'argent au lieu d'offrir une caution.

Dans tous les cas où une caution s'est engagée pour obtenir l'élargissement d'un accusé, elle peut, si elle pense que l'intention de l'accusé soit de fuir, s'adresser à un juge de paix, produire son engagement, énumérer ses craintes ; et le juge devra décerner son mandat contre cet accusé élargi et ordonner à tous officiers de l'arrêter et de l'amener à la prison où il sera retenu jusqu'au jugement.

Un jurisconsulte américain, Livingston, dans une étude du Cod. de la Louisiane, a parfaitement précisé et résolu la question du cautionnement:

« Le montant du cautionnement, porte ce Code
» ne saurait être proportionné par la loi aux cir-
» constances de chaque cas particulier ; c'est un
» des points les plus importants et les plus délicats
» de l'exercice du pouvoir judiciaire. Il doit être
» balancé de manière à ne pas permettre qu'un dé-
» linquant échappe à la loi moyennant le paiement
» d'une peine pécuniaire, ni que ce privilège soit
» hors de la portée du pauvre. Afin d'en faire une
» garantie certaine de la comparution de la partie, il
» doit être déterminé par les considération suivantes:
» 1° La nature de la punition à infliger en cas de
» condamnation ; 2° la situation pécuniaire de la
» personne accusée. La fortune de l'accusé doit
» aussi être prise en considération. Le pauvre peut
» être surchargé par l'imposition d'un montant de
» cautionnement qui serait de nulle garantie pour
» la comparution du riche. »

Dans l'état de New-York, une loi récente du 1er mars 1879 accorde au juge la faculté, lorsque la caution offerte par le prévenu lui paraît insuffisante, d'exiger un supplément de caution ou d'ordonner l'arrestation préventive (1).

(1) Annuaire de législation étrangère. p. 809, année 1880. — Voir également à la page 816, une loi pour l'Etat de la Louisiane.

LIVRE TROISIÈME

Des réformes nécessaires et du projet de loi qui les vise.

CHAPITRE PREMIER.

IDÉES GÉNÉRALES. — DE LA NÉCESSITÉ DES RÉFORMES. — DU PROJET DE LOI ACTUELLEMENT SOUMIS AUX CHAMBRES ; DE SON ESPRIT ET DE SES TENDANCES.

§ 1. — *Historique du projet de loi.*

Gardiennes de la liberté, de la sûreté et des droits politiques des citoyens, les règles de la procédure criminelle participent de la nature et constituent une partie importante des institutions politiques d'un pays. « La loi de procédure, dit
» M. Faustin Hélie, est le complément nécessaire
» des libertés publiques; ses formalités sont des-
» tinées à protéger les droits des citoyens, à les
» préserver de tout excès de pouvoir ; elle acquiert
» donc la même importance que la loi politique,
» et cette importance est immédiate ; car elle
» protége ou menace incessament les biens les plus
» précieux, l'honneur, la vie, la sûreté des hommes;

» elle peut les froisser à chaque moment ; elle est
» donc l'objet d'une continuelle sollicitude de
» la part des pouvoirs de l'État et des membres
» de la société. Enfin, si elle emprunte à la philo-
» sophie la théorie de ses preuves et ses lois de la
» certitude morale, toutes ses institutions, toutes
» ses formes, toutes les attributions dont elle
» investit les magistrats, appartiennent surtout
» au droit public ; c'est là véritable source
» dont elle émane, la loi qui domine son cours
» et le dirige » (1). L'instruction a dit Mitter-
maier, est la pierre de touche du droit public
d'une nation.

C'est, par conséquent, le caractère et le devoir
d'une démocratie, c'est-à-dire d'un État progressif
et réformateur, d'améliorer la procédure criminelle
à mesure que les garanties de l'individu s'affermis-
sent et s'étendent. S'il est une matière où ces garanties soient particulièrement désirables et fécon-
des, c'est bien celle de l'administration de la justice,
et notamment de la justice pénale. « La sûreté n'é-
» tant jamais plus attaquée que dans les accusa-
» tions publiques ou privées, c'est de la bonté des
» lois criminelles que dépend la liberté des ci-
» toyens » (1).

Malheureusement notre Code de 1808 a fait de
nombreux emprunts à la procédure de l'ancien
Droit; et en outre, il porte l'empreinte de l'époque

(1) Faustin Hélie, op. cit. t. 1, p. 8.
(2) Montesquieu, *Esprit des lois*, liv. XII, chap. 2.

où il a été rédigé, époque de la concentration et de l'omnipotence du pouvoir entre les mains de l'État et de ses représentants.

Aussi, depuis un grand nombre d'années, les jurisconsultes et les publicistes étudient avec ardeur les réformes à introduire dans une organisation qui a ses qualités sans doute, mais aussi ses défauts, et qui n'est plus en parfaite harmonie avec notre état social. Dès 1818 et 1821, MM. Bérenger et Dupin, dénonçant les vices de la loi et les abus de la pratique, jetaient un cri d'alarme qui depuis ce jour a été souvent répété.

Aujourd'hui, le problème est sorti des discussions purement théoriques et abstraites pour entrer dans le domaine du Droit positif et de l'application.

Des lois postérieures au Code ont réalisé des améliorations souvent très importantes. Mais ces lois ne pouvaient suffire ; et l'on a senti la nécessité d'une refonte générale et complète de l'instruction préparatoire.

En 1870, une commission extra-parlementaire fut chargée d'étudier et de préparer un projet de loi. Son œuvre, interrompue par les événements, a été reprise par une commission nouvelle, nommée au mois d'octobre 1878 sur l'initiative de M. le garde des sceaux Dufaure, et à laquelle ont été adjoints quelques membres du parlement. Le projet de loi élaboré par cette commission a été présenté au Sénat par M. Le Royer, ministre de la justice, dans la séance du 27 novembre 1879.

Il se compose de 221 articles, et concerne toutes les matières du premier livre du Code d'instruction criminelle, c'est-à-dire l'organisation intégrale de la procédure préparatoire ; procédure d'information et de recherche, qui se développe en dehors de l'audience et précède le renvoi de l'inculpé devant la juridiction compétente pour statuer sur son délit, sur son crime.

Notre sujet ne comporte pas l'étude complète de ce projet, mais seulement des dispositions relatives à la situation de l'inculpé durant la procédure préparatoire. C'est d'ailleurs la partie la plus importante et la plus délicate ; et il importe d'en présenter l'examen critique.

§2. — *Esprit du projet de loi.*

— Le défaut de notre instruction préparatoire, c'est d'une part l'action prépondérante du ministère public et du juge d'instruction, et d'autre part le peu de garanties accordées à l'inculpé. L'accusation est toute-puissante, la défense enchaînée par des entraves qui l'étouffent.

Les auteurs du projet de loi ont cherché à faire disparaître ce vice unanimement reconnu. Ils se sont préoccupés avant tout d'accorder à l'inculpé les garanties et les droits nécessaires à sa défense, et que, dans bien des cas, le Code lui refuse. « La justice sociale au point de vue criminel, li-
« sons-nous dans l'exposé des motifs, se décompose

» en deux éléments distincts, dignes d'une égale
» sollicitude : d'une part, l'intérêt de la poursuite qui
» veut que le crime ne reste pas impuni, et, d'au-
» tre part, l'intérêt de la défense qui réclame non
» moins impérieusement que le châtiment ne s'égare
» pas sur une autre tête que celle du coupable. Nul
» ne conteste plus aujourd'hui que l'inviolabilité de
» l'innocence est un intérêt non moins général, de
» même ordre et d'autant d'importance que la cer-
» titude exemplaire de la répression, et que
» le repos de la société est plus menacé
» par une condamnation imméritée que par
» l'impunité d'un criminel ; car il n'importe pas
» seulement à tel ou tel accusé, il importe à chaque
» citoyen exposé le cas échéant à une dénonciation
» téméraire, que l'erreur puisse être promptement
» dissipée. Loin donc de considérer l'intérêt
» de la défense comme un intérêt secondaire,
» d'ordre privé, en opposition avec celui de la
» société et plus ou moins subordonné à ce dernier,
» on a reconnu que la justice manque son but si
» son appareil n'a pas pour effet de rassurer l'in-
» nocent autant qu'il fait trembler le coupable. »

On le voit, c'est dans l'extension des garanties et
des droits de la défense que les auteurs du projet
ont cherché le remède, et non pas, comme le de-
mandent certains esprits, dans la suppression du
ministère public et dans l'admission de cette procédure accusatoire qui a fonctionné jadis à Athènes et
à Rome, et qui fonctionne aujourd'hui en Angle-

terre. Si la condamnation pénale n'intéressait que la
victime du crime ou du délit, on pourrait lui accorder, à elle seule, le droit de poursuivre cette condamnation. C'est l'idée qui a été admise dans les
premiers temps de la société, à une époque de bar-
barie et d'ignorance, où l'individu obéissait à ses
passions plutôt qu'à la voix de sa raison et de sa
conscience, où la notion imparfaite de la loi morale
et l'absence de solidarité entre les membres d'une
même cité ou d'une même nation, faisaient considérer la peine comme un acte de vengeance personnelle (1).

Mais, à mesure que la loi morale s'est épurée, à
mesure que les liens d'une solidarité de plus en
plus intime ont uni les uni aux autres les citoyens
d'un même État, on est arrivé à regarder la peine
comme un acte de défense et de conservation pour
la société, et de moralisation pour l'individu coupable.

Si donc la société est la première intéressée à la
répression pénale, c'est elle qui doit la poursuivre ;
c'est elle qui doit intervenir, qui s'interpose entre
l'inculpé et la victime. C'est elle seule, d'ailleurs qui
peut apporter dans la poursuite tout le calme et
toute l'imparialité désirables ; car il faut se méfier
des ardeurs des particuliers. Il faut craindre qu'un
ressentiment, légitime parfois, ne dégénère en une

____

(1) Nous laissons de côté la législation romaine, où la méthode
accusatoire, comme nous l'avons vu, reposait sur des raisons particulières.

vengeance passionnée. Ne serait-ce pas un grand inconvénient que de développer dans le public l'habitude et le goût de la délation.

L'institution du ministère public, fort ancienne dans notre droit, est sans contredit l'une de ses plus belles créations. Montesquieu avait raison, lorsqu'il écrivait : « Nous avons aujourd'hui une loi admirable, » c'est celle qui veut que le prince, établi pour faire » exécuter les lois, propose un officier dans chaque » tribunal pour poursuivre, en son nom, tous les » crimes, de sorte que la fonction de délateur est » inconnue parmi nous. »

Aussi l'institution du ministère public se retrouve dans presque toutes les législations contemporaines. L'Angleterre elle-même, nous l'avons vu, a fait une tentative pour l'introduire chez elle, et nous sommes persuadés qu'elle y sera conduite tôt ou tard.

Le problème consiste, non pas à supprimer le ministère public et le juge d'instruction, ni à diminuer les pouvoirs qui leur sont absolument nécessaires, mais à donner à l'inculpé les garanties et les franchises sans lesquelles il lui est impossible de se défendre, et à créer entre l'accusation et la défense une égalité de droits qui leur permette de se combattre librement.

CHAPITRE II.

DE LA DÉTENTION PRÉVENTIVE ET DE LA THÉORIE DES MANDATS.

La détention préventive se justifie par nécessité C'est dire que le projet de loi la maintient, et qu'il se borne, par des modifications dans la théorie des mandats, à en adoucir le régime.

L'expression de mandat de comparution est remplacée par celle *d'assignation à comparaître;* « l'ordre dont il s'agit, dit l'exposé des motifs, » n'entraînant avec lui aucune mesure de coerci- » tion et le mot mandat impliquant l'idée de con- » trainte. »

Art. 73 : « L'inculpé, s'il est domicilié et qu'il » n'existe ni péril de fuite, ni danger pour la dé- « couverte de la vérité, doit être simplement assi- » gné à comparaître pour être entendu par le juge » d'instruction. »

Art. 74 : « Tout ordre de se présenter doit con- » tenir l'avis à l'inculpé libre que, faute de s'y » conformer, il sera appréhendé pour être amené » devant la justice. »

Art. 75 : « Si l'inculpé ne comparaît pas ou ne » fournit pas de motifs d'excuses suffisants, le juge » d'instruction décerne contre lui un mandat d'a- » mener. »

Le projet reconnaît et définit trois sortes de mandats :

1° *Le mandat d'amener*. La personne saisie ne peut être retenu plus de 24 heures dans la maison d'arrêt sans comparaître devant le juge (Art. 82 à 93).

2° *Le mandat de dépôt provisoire* (Art. 93 à 96), qui peut être décerné par le juge après une première comparution, mais ne donne lieu qu'à une détention maxima de cinq jours. Ce mandat n'est pas renouvelable.

3° *Le mandat d'arrêt* (art. 96 à 101) qui emporte une détention de trente jours. Il est renouvelable, mais seulement par une décision de la chambre du conseil. Le juge a le droit de délivrer immédiatement ce mandat, si l'inculpé est en fuite ; sinon, il doit attendre l'expiration du mandat de dépôt.

Le système du projet offre donc en même temps une grande simplicité et de fortes garanties.

Le juge peut délivrer, si l'inculpé est présent, une assignation à comparaître ou un mandat d'amener ; et, s'il est en fuite, un mandat d'amener ou un mandat d'arrêt.

Dans le cas d'un mandat d'amener, le juge interroge le prévenu dans les 24 heures ; et, sur-le-champ, il le fait mettre en liberté ou décerne contre lui un mandat de dépôt provisoire non renouvelable, et valable seulement pour cinq jours.

Au commencement du sixième jour, le détenu sort de la prison. à moins que le juge, à la suite de l'examen des charges, n'ait cru devoir prendre un mandat d'arrêt valable pour trente jours et renouvelable par décision de la chambre du conseil.

Si l'inculpé en fuite a été l'objet d'un mandat d'arrêt, le juge peut, après sa comparution, ou lui laisser la liberté ou maintenir le mandat.

Ainsi, à nos mandats actuels, dont la durée et le renouvellement sont laissés à la discrétion du juge, se trouve substitué le régime des mandats à périodes limitées, se succédant avec les nécessités de l'instruction et l'examen de plus en plus approfondi des charges, modérant le pouvoir du juge et l'obligeant à une plus grande vigilance. — N'est-ce pas un précieux stimulant que cette obligation imposée au juge de venir à date fixe devant la chambre du conseil, lui demander le renouvellement du mandat de dépôt, si l'instruction n'est pas terminée?

Ce système, que nous avons rencontré dans les Codes de Belgique et du canton de Genève, nous paraît être excellent. Rendre l'arrestation facile sans priver l'individu des garanties nécessaires, rendre la détention difficile à mesure qu'elle se prolonge, tel est le but de l'instruction.

Elle y parviendra, croyons-nous, grâce à ces mandats à échéance fixe, qui perdent leur valeur après un temps indéterminé, et qui forcent le juge à ne pas oublier le détenu dans la prison.

CHAPITRE III.

DE L'INTERDICTION DE COMMUNIQUER

Cette mesure de l'instruction préparatoire est une de celles qui ont été le plus vivement combattues.

Nous avons montré les abus auxquels elle avait donné lieu, et que MM. Bérenger et Dupin, en 1818 et en 1821, signalaient avec une éloquente indignation. Pourquoi faut-il avouer que, malgré les circulaires et malgré la loi de 1865, ces abus n'ont pas disparu complètement ? Récemment encore, la cour d'assises de Douai acquittait une femme, accusée d'avoir assassiné son mari, et qui avait subi la mise au secret durant plus de 5 mois (*Gazette des Tribunaux*, 3 mars 1877).

Il est donc naturel que les auteurs du projet de loi aient tenté d'adoucir les rigueurs de ce régime.

« Les prescriptions des articles 101 à 104, dit
» l'exposé des motifs, ont pour but d'ôter tout ca-
» ractère vexatoire à la détention préventive, et de
» prévenir les abus de la mise au secret. »

Deux situations différentes sont prévues.

Dans un cas, le prévenu n'est pas au secret absolu ; mais le juge d'instruction conserve le droit d'interdire certaines communications. « Les per-

» missions de visiter le détenu sont accordées
» par le juge d'instruction, et, quand ce ma-
» gistrat est dessaisi, par le ministère public, sauf
» recours, dans ce cas, au président de la juridic-
» tion saisie (Art. 103). »

Dans le second cas, l'interdiction de communiquer est générale. Le juge n'a plus un pouvoir discrétionnaire, car l'ordonnance qui porte cette interdiction, doit être notifiée au Procureur général et
peut-être attaquée devant la Chambre du Conseil
(Art. 104.)

Comme dans la loi de 1865, l'interdiction de
communiquer ne peut-être prescrite que pour une
durée maximum de 10 jours ; mais tandis que d'a-
près cette loi, le juge d'instruction avait la faculté
de la renouveler, l'art. 104 n'accorde cette faculté
qu'à la Chambre du conseil. « La Chambre du con-
» seil peut décider qu'il y a lieu d'interdire les
» communications pendant une nouvelle période
de 10 jours (1). »

Telles sont les innovations du projet de loi.
Certes, nous les approuvons sans réserve. Mais sont-
elles suffisantes ? Nous ne le croyons pas : la mise
au secret doit être supprimée complètement.

C'est, en effet, une pratique excessivement
rigoureuse, qui impose à celui qui la subit de
grandes souffrances physiques et morales. « Il

(1) Elles ne s'appliquent pas aux communications de l'inculpé avec
son avocal, lesquelles sont régies par l'art 131 que nous étudierons
bientôt.

y a lieu de remarquer, dit M. Faustin Hélie,
» que la détention ne doit pas aller au-delà de la pri-
» vation de la liberté ; que toute entrave apportée
» aux communications du prévenu avec sa famille
» est une atteinte aux droits de l'humanité ; que
» l'interdiction complète de communiquer, c'est-
» à-dire la détention solitaire, est un véritable sup-
» plice qui inflige à la détention préalable, qui n'est
» qu'une simple précaution, le caractère d'une
» peine ; que le prévenu a besoin d'être défendu,
» non seulement à l'audience, mais encore dans le
» cours de l'instruction ; que l'isolement met obsta-
» cle à ce qu'il confère avec un défenseur,
» à ce qu'il puisse même rechercher et pré-
» parer des moyens de défense, et qu'il peut
» même en résulter, dans quelques cas, la facilité
» donnée à ses dénonciations de détruire les preuves
» qui le justifieraient ; enfin que si la communica-
» tion d'un prévenu au dehors a quelques incon-
» vénients, il ne faudrait pas détruire un droit
» légitime par la seule crainte des abus qu'il peut
» produire (1). »

Il serait impossible de mieux dire. Et pourtant,
malgré cette démonstration si concluante des dangers de la mise au secret, le savant auteur, nous
l'avons vu précédemment, approuve les rédacteurs
du Code de l'avoir maintenue. Elle est, dit-il, comme
la détention préventive elle-même, une mesure
d'instruction rigoureuse à tous égards ; mais sa

¹ Instruct. Crim., t. V., p. 817.

nécessité la justifie, et nous devons la conserver en nous bornant à conseiller ou à imposer au juge la modération et la prudence.

Nous ne voulons pas affaiblir la justice et neutraliser l'instruction. Mais celle-ci n'est-elle pas suffisamment armée, et faut-il, en tout cas lui sacrifier les droits de la défense ?

On craint que l'inculpé n'entretienne des intelligences au dehors ? Mais toutes les lettres qu'il reçoit, toutes celles qu'il écrit sont lues par le directeur de la prison ; rien ne lui parvient qu'on ne le sache ; et quand une personne étrangère le visite si ce n'est son défenseur, un gardien assiste à l'entrevue. N'est-ce pas une garantie suffisante ?

C'est particulièrement, comme le dit la circulaire de M. de Serres, comme l'ont dit les rédacteurs de notre Code et le rapporteur de la loi belge de 1874, dans les crimes commis de concert et par complot que l'interdiction de communiquer est présentée comme nécessaire. Il ne faut pas que les complices puissent se concerter ; nous l'accordons ! Mais, sans prendre parti sur les questions nombreuses et délicates que soulèvent le régime cellulaire et le régime de la détention en commun, n'y a-t-il pas un système qui obvierait aux inconvénients signalés ? Et ne suffirait-il pas de séparer les uns des autres les coauteurs et les complices, et de leur interdire toute communication ?

La vérité, c'est que l'interdiction de communiquer, malgré tous les conseils de modération et de prudence, sera toujours considérée et employée comme un moyen d'obtenir et, suivant le langage pittoresque d'un juge d'instruction, *d'enlever* un aveu. Les faits le démontrent péremptoirement, les juges eux-mêmes le reconnaissent et le proclament.

Elle n'est pas faite pour les criminels dont la culpabilité est manifeste, contre qui les charges sont multiples et écrasantes, ou qui même se reconnaissent coupables. Elle est faite, au contraire, pour les inculpés qui se défendent avec énergie, contre lesquels il n'existe que des charges peu nombreuses et incertaines ; et qui peut-être, après cette torture physique et morale renouvelée de l'inquisition, seront acquittés, au jour du jugement, par le tribunal correctionnel ou par la cour d'assises.

Non ! la suppression de la mise au secret ne désarmerait pas la justice ; celle-ci garderait toute sa force. Que dis-je ? Elle aurait une autorité plus grande. Bien des faits restent obscurs et inconnus ; mais si l'un de ces faits profondément regrettables vient à éclater au grand jour, sait-on ce qui arrive ? C'est que l'opinion publique sort de son insouciance habituelle ; en présence de ces révélations inattendues qui l'attristent et l'indignent, elle soupçonne, elle exagère le mal ; et souvent même elle laisse échapper des paroles amères et calomnieuses qui atteignent le prestige nécessaire de la justice et diminuent son autorité !

CHAPITRE IV.

DE LA LIBERTÉ PROVISOIRE.

Nous avons vu que la loi de 1865, modifiant sur bien des points le Code d'instruction criminelle, avait réglementé la liberté provisoire dans un sens libéral.

Le projet de loi pousse encore plus loin ces réformes et cet esprit (Art. 105 à 118). Il améliore la situation de l'inculpé en posant une prescription générale, applicable aux crimes comme aux délits, et plus absolue dans ses termes que la prescription de la loi de 1865. « En toute matière et à toute
» période, dès que la détention préventive a cessé
» d'être indispensable à la recherche de la vérité,
» le juge doit mettre en liberté provisoire l'inculpé,
» à charge par celui-ci d'élire son domicile au siège
» de la cour ou du tribunal, et de prendre l'enga-
» gement de se présenter à tous les actes de la
» procédure ainsi que pour l'exécution de la sen-
» tence, aussitôt qu'il en sera requis. »

La mise en liberté provisoire est de droit, en matière correctionnelle, cinq jours après la première comparution de l'inculpé devant le juge d'instruction. C'est la règle déjà posée par la loi de 1865; et, comme dans cette loi, cette règle subit des exceptions. Ainsi, aux termes de l'art. 106 du projet, les prévenus de délit ne peuvent pas invoquer comme un droit la mise en liberté provisoire, même après le délai de cinq jours: 1° lorsqu'ils n'ont pas de domicile ; 2° lorsqu'ils sont en état de récidive légale ; 3° lorsque le maximum de la peine encourue par eux est supérieur à deux années d'emprisonnement.

La question du domicile et du maximum de la peine encourue doit être résolue par les principes que nous avons précédemment posés. Quant à l'état de récidive légale, c'est l'état d'un inculpé qui a été déjà condamné pour un crime ou pour un délit à une peine supérieure à une année d'emprisonnement.

L'article 107 contient une importante innovation. D'après l'article 126, Instr. crim., l'inculpé ne peut plus obtenir la liberté provisoire après que la Chambre des mises en accusation a prononcé contre lui un arrêt de renvoi devant la cour d'assises. S'il l'a obtenue auparavant, il en perd le bénéfice à partir de cet arrêt de renvoi.

Le rapporteur de la loi de 1865 justifiait ainsi cette disposition : « La conscience publique s'é-
» tonnerait à bon droit de cette liberté trop pro-
» longée ; mais il a semblé que son terme naturel
» assigné par la prudence et par la règle devait
» être l'ordonnance de prise de corps de la Cham-
» bre des mises en accusation. A ce moment, en
» effet, l'arrêt de cette chambre élève contre l'ac-

» cusé un préjugé si grave, qu'il serait téméraire
» de lui laisser le choix d'attendre son jugement
» ou de s'y dérober. »

Au contraire, d'après l'article 107 du projet, la
liberté provisoire peut être obtenue, et elle peut se
prolonger, même après l'arrêt de renvoi, et jusqu'à la veille de l'ouverture des assises.

Heureuse disposition, croyons-nous !

Sans doute, les raisons que nous venons de citer
sont graves ; souvent elles justifieront le refus de la
liberté provisoire ; mais il faut se garder, en pareille matière, des principes théoriques. Ces raisons, dit l'exposé des motifs du projet, n'offrent pas
toujours en fait la valeur absolue que leur attri-
buait le législateur de 1865. La crainte de perdre
un cautionnement considérable, de briser des
liens de famille, la perspective d'une condamnation relativement légère, l'espoir d'un acquittement, sont dans bien des cas des garanties que
l'accusé reculera devant la fuite et les conséquences infaillibles d'une condamnation par contu-
mace.

D'autre part, les rigueurs de la détention préventive imposée à l'inculpé jusqu'au jour souvent
éloigné de l'ouverture des assises peuvent lui
causer un dommage irréparable. Lorsque l'affaire est renvoyée d'une session à une autre,
par exemple par suite de l'absence d'un témoin
ou de l'attitude imprudente d'un juré, l'accusé
se voit maintenu pendant trois mois en captivité

alors que l'instruction est complètement terminée, alors que la probabilité d'un acquittement
peut rendre à la fois la détention plus cruelle et
la fuite plus invraisemblable.

Il en résulte dans bien des cas que certains chefs
de parquet, obéissant à un sentiment d'humanité
et plus fidèles à l'esprit qu'à la lettre de la loi,
prennent sous leur responsabilité de n'exécuter
qu'à la veille de l'ouverture de la session l'ordonnance de prise de corps. Cette pratique irrégulière
doit faire place à un régime légal.

La juridiction compétente pour accorder la liberté provisoire est celle qui est saisie de la procédure au moment où la requête est présentée. Dans
le cas où le juge d'instruction n'a pas ordonné la
mise en liberté provisoire, elle peut être accordée
sur requête adressée à la chambre du conseil, depuis le mandat d'amener jusqu'à l'ordonnance qui
dessaisit le juge d'instruction ; — au tribunal correctionnel depuis l'ordonnance de renvoi jusqu'au
jugement ; — à la chambre des appels correctionnels, depuis l'appel jusqu'à l'arrêt ; — à la chambre des mises en accusation, depuis l'ordonnance
de renvoi jusqu'à la notification de l'arrêt et de l'acte
d'accusation ; — et à la Cour d'assises depuis cette
notification. Cependant, si la Cour d'assises n'est
pas en session, la chambre des mises en accusation demeure compétente pour statuer.

Lorsque le condamné, pour rendre son pourvoi
admissible, conformément à l'article 421 du Code

d'instruction criminelle, veut réclamer sa mise en liberté. il porte sa demande devant la cour où le tribunal qui a prononcé la peine (Art. 107).

Le ministère public et l'inculpé sont entendus par la juridiction qui statue sur la demande. La partie civile a le droit de présenter des observations écrites dans le délai de 24 heures à partir de la notification qui lui est faite de la demande de liberté provisoire (Art. 108 et 109).

La décision de la chambre du conseil ou du tribunal correctionnel peut être frappée d'appel, dans les 24 heures par le Procureur de la République ou l'inculpé, et dans le délai de 10 jours par le procureur général.

Dans tous les cas où la liberté provisoire n'est pas un droit pour l'inculpé, elle peut être subordonnée par la juridiction qui statue à l'obligation de fournir un cautionnement (Art 111).

Quant aux règles de ce cautionnement, le projet n'a modifié en rien les dispositions de la loi de 1865 contenues dans les articles 114, 120, 121 et 122, 123 et 124 du Code d'instruction criminelle.

La mise en liberté n'est que provisoire. Le juge d'instruction conserve le droit de la faire cesser par un nouveau mandat d'amener ou d'arrêt, si des circonstances nouvelles et graves rendent cette mesure nécessaire (Art. 118). Toutefois, lorsque la liberté provisoire a été accordée par la chambre du Conseil ou par la chambre des mises en accusation, le juge d'instruction ne peut décerner un nouveau mandat que si la juridiction compétente, sur les réquisitions du ministère public, a retiré à l'inculpé le bénéfice de la première décision.

Après le dessaisissement du juge d'instruction, le retrait de la liberté provisoire doit être prononcé par la juridiction compétente aux termes de l'article 107.

CHAPITRE V

DE L'INTERROGATOIRE ET DE L'AVEU DE L'INCULPÉ

§ 1. — *De l'interrogatoire de l'inculpé.*

C'est dans la comparution de l'inculpé devant le juge, et dans les garanties qui doivent entourer cette comparution, que le projet de loi propose les innovations les plus importantes et souvent les plus heureuses. « Ce n'est pas, dit l'exposé des motifs,
» dans une lutte d'habileté engagée avec le prévenu,
» lutte inégale et presque odieuse, que le magistrat
» doit puiser des éléments de conviction.

» L'interrogatoire doit être un élément impor-
» tant de l'instruction ; il peut même en être le plus
» concluant, mais il ne doit être employé ni en
» premier lieu, ni isolément : il n'a de valeur qu'à
» la condition d'être rapproché des autres moyens
» de preuve. Il faut repousser avec énergie ces
» pratiques fâcheuses par lesquelles le magistrat
» instructeur, avant même de s'être fait un système
» arrêté et d'avoir des présomptions établies au
» sujet de la culpabilité, s'efforce d'arracher au
» prévenu lui-même la révélation des charges qui
» peuvent peser sur lui, le presse de questions
» captieuses, interprète ses réponses sans lui don-

» ner le temps de les rectifier, et n'obtient un aveu
» équivoque qu'après avoir infligé au patient une
» véritable torture morale. »

» La doctrine de tous les criminalistes en cette
» matière est que l'interrogatoire est un moyen de
» justification ouvert à l'inculpé ; il ne doit pas être
» converti par un abus regrettable en un moyen
» d'incrimination au bénéfice exclusif de la pour-
» suite.

» Ce n'est donc que par un retour aux principes,
» et pour en assurer le respect, qu'a été formulé le
» système du projet. »

Ce système est entouré des garanties les plus sérieuses.

Hors le cas d'urgence, si l'inculpé a un défenseur,
le juge ne peut l'interroger qu'en présence de ce
défenseur ou qu'après l'avoir régulièrement appelé (1).

Le procureur de la République et le conseil de
la partie civile ont également le droit d'assister aux
interrogatoires (Art. 110).

La présence du défenseur est sans doute, comme
nous le verrons, une précieuse garantie. Mais il faut
surtout que le juge dirige l'interrogatoire avec la
plus grande impartialité.

Le projet s'est inspiré de ce principe en lui don-
nant les conseils les plus précis. « Avant de com-

(1) Nous examinerons dans un chapitre suivant le rôle du défenseur au cours de la procédure.

» mencer l'interrogatoire, le juge d'instruction
» constate l'identité de l'inculpé, l'engage à répon-
» dre avec précision et en vue de faciliter la décou-
» verte de la vérité. Les questions posées à l'in-
» culpé ne doivent être ni obscures ni ambiguës,
» ni captieuses. Elles doivent suivre, autant que
» possible, l'ordre des dates et des faits.

« Elles doivent être posées de façon à faire con-
» naître à l'inculpé les charges qui pèsent sur lui,
» afin de le mettre en mesure de les détruire ou de
» les confirmer.

« S'il invoque des faits ou des preuves à sa dé-
» charge, ces allégations doivent être vérifiées dans
» le plus bref délai, à moins qu'elles n'aient mani-
» festement pour but de retarder l'instruction de
» l'affaire (Art. 120 ».)

Les pièces à conviction doivent être présentées
à l'inculpé pour qu'il les reconnaisse (Art. 122).

Le Juge d'instruction consigne les réponses en les
dictant au greffier, après avoir averti l'inculpé qu'il
a le droit de faire les rectifications ou les rétracta-
tions qu'il jugerait utiles. Art. 123).

§ 2. — De l'aveu de l'inculpé.

L'art. 121 du projet soulève l'une des questions
les plus délicates. « L'aveu de l'inculpé, dit-il, ne
» dispense pas le juge d'instruction de rechercher
» d'autres éléments de preuves. »

La pratique actuelle, nous l'avons montré, est dirigée de manière à obtenir de l'inculpé l'aveu de son délit ou de son crime.

En général, en effet, on considère l'aveu comme la meilleure preuve de la culpabilité. Certes nous ne voulons pas combattre cette opinion et soutenir la doctrine , trop absolue et hasardée dans sa don_née psychologique, qui ne voit dans l'aveu qu'un phénomène contre nature, explicable seulement par le trouble mental ou le dégoût de la vie (1). Oui, l'aveu est une preuve puissante et un précieux élément de conviction. Mais encore faut-il pour qu'il ait cette valeur morale et cette force probante, qu'il soit libre, spontané, réfléchi, sincère, et qu'il se produise dans des conditions normales. « Il paraît » qu'en Chine, dit M. Élzéar Bonnier-Ortolan (1), » il y a des personnes qui, par profession, avouent » pour autrui des délits légers, et subissent la puni-« tion à la place du délinquant, qui les indemnise ».

Nous ne craignons pas beaucoup ce danger, auquel du reste, il serait impossible de remédier, même par la plus parfaite des lois. Mais, chez nous comme ailleurs, les calculs ou les faiblesses du cœur humain peuvent inspirer dans certains cas, un aveu mensonger.

(1) Filangeri, syst. de la Lég. Chap. III, p, 119 ; — Risi, Animadver,et ad jus criminale, p. 220; — Meyer, Esprit, orig'ne, etc, Livre VI, Chap. XII.

(2) Du secret et de la publicité de l'instruction préparatoire (812).

Que l'inculpé, comme on l'a prétendu, soit victime d'une folie inconsciente ; qu'il espère, en face d'une condamnation imminente quoique non méritée, en adoucir la rigueur ; qu'il obéisse à je ne sais quelle forfanterie ; qu'il cède à l'intimidation ou à la crainte ; qu'il veuille échapper, comme la femme Gardin en 1861, à la lassitude et aux tourments de la détention préventive et de la mise au secret, peu importe le motif caché ou la cause apparente !

Mais qu'un inculpé, au cours de l'instruction préparatoire, se déclare l'auteur d'un crime qu'il n'a pas commis : voilà le danger ! — Que plus tard, à l'audience, menacé par la condamnation, il fasse, pour retirer cet aveu, des efforts désespérés et trop souvent inutiles : voilà la situation qu'il faut prévoir !

Le projet de loi a voulu mettre en garde l'inculpé ainsi que la justice, contre ces aveux précipités, parfois irréfléchis, qui surviennent au début de l'information, et avant même que les charges soient produites.

« L'aveu doit-il être regardé, dit l'exposé des mo-
» tifs, comme indispensable pour rassurer la cons-
» cience du juge qui prononce une condamnation ?
» Doit-il y suffire ? Et si, pour en peser la valeur,
» on songe aux procédés par lesquels il est souvent
» arraché, l'ensemble des présomptions résumé
» par l'instruction n'est-il pas la plupart du temps
» beaucoup plus décisif et plus probant ? Dans la
» pensée qui a présidé à la rédaction du projet, c'est

» l'évidence des preuves groupées contre l'inculpé,
» soumises à sa discussion, et restant debout après
» cette discussion, qui doit entraîner la conviction
» des magistrats. D'ailleurs, l'aveu peut toujours
» être rétracté à l'audience, et, s'il est isolé, si rien
» ne le corrobore, la juridiction saisie reste alors
» dépourvue de tout élément sérieux de convic-
» tion. »

CHAPITRE VI.

DE LA PUBLICITÉ DANS L'INSTRUCTION PRÉPARATOIRE

Nous avons vu que le Code de 1808 a rejeté l'idée de la publicité absolue admise par l'Assemblée constituante; et nous avons indiqué, sans prendre parti, les raisons invoquées par les partisans du secret dans l'instruction préparatoire.

De nombreux esprits ont repoussé ces raisons. D'après eux, tout mandat décerné contre le prévenu devrait lui indiquer le fait à raison duquel il est poursuivi, et la loi qui punit ce fait comme un délit ou un crime. — Quant à l'instruction, aux dépositions des témoins, à l'interrogatoire de l'inculpé, ils devraient avoir lieu en audience publique.

Nous allons examiner séparément, pour y mettre plus de clarté, les deux points de ce système, et apprécier la solution que le projet de loi leur a donnée.

§ 1. — *Publicité vis-à-vis de l'inculpé.*

I. *Tout mandat doit être motivé.* — Le projet, imitant la plupart des législations étrangères, institue cette publicité.

D'après le Code de 1808, le mandat d'arrêt est le seul qui énonce le fait et le texte de la loi qui mo-

tive la poursuite. L'art. 77 du projet pose, au contraire, en principe que : « *tout mandat contient*
» *l'énonciation du fait pour lequel il est décerné et*
» *la citation de la loi qui déclare que ce fait est un*
» *crime ou un délit.* »

C'est là une excellente disposition.

On prétend que, si le prévenu est averti du fait
dont on l'accuse, il pourra, avant de paraître devant
le juge d'instruction, préparer ses réponses, combiner ses moyens de défense, et peut-être dérouter
la justice.

Mais cet argument est-il bien sérieux? Et n'est-ce
pas sacrifier complètement la défense à l'accusation? L'une et l'autre a ses droits, également puissants, également légitimes ; l'une et l'autre doit
avoir sa liberté et ses garanties!

N'est-il pas naturel que l'inculpé, avant de comparaître, soit averti du fait relevé contre lui, qu'il
ait le temps de réfléchir, de rassembler par lui-
même ou par le secours de son défenseur et de sa
famille les preuves de son innocence ? Lorsqu'il
arrive à l'interrogatoire, déconcerté, troublé, obligé
de répondre à des questions imprévues, croit-on
qu'il puisse lutter avec un magistrat expérimenté
et habile, impartial sans doute, mais obligé par son
devoir et par la loi de tirer froidement parti de toutes les défaillances, de toutes les contradictions
qu'il rencontre, et souvent qu'il fait naître dans les
réponses du prévenu?

Il faut que celui-ci soit prémuni, et les auteurs du

projet de loi ont eu raison de lui en fournir les moyens.

» Une législation, dit M. Mangin, qui permet » d'arrêter et de détenir un individu sans que » l'acte qui le prive de la liberté l'instruise du fait » qui lui est imputé, sans qu'il comporte avec lui » la preuve de la légalité par l'indication de la loi » sur laquelle il est fondé, est véritablement une » législation oppressive. Elle place les citoyens » dans l'impossibilité de réclamer contre leur ar- » restation. Ils ne peuvent même pas opposer » l'incompétence territoriale du juge qui a décerné » le mandat, puisque le fait n'est pas énoncé dans » le mandat. L'interrogatoire même ne supplée » qu'imparfaitement à ce silence puisqu'il peut » arriver qu'on leur parle dans cet interrogatoire » de tout autre chose que de ce qui a donné réel- » lement lieu à l'arrestation (1) ».

II. *Déposition des témoins.* — S'inspirant de cet esprit, le projet devait nécessairement reconnaître à l'inculpé le droit de contredire les dispositions des témoins. De là l'art. 124 :

» L'inculpé peut requérir qu'il soit procédé à » une confrontation entre lui et les témoins en- » tendus par le juge d'instruction hors de sa pré- » sence. »

Le juge a cependant la faculté, s'il le croit néces- saire, de refuser cette confrontation (Art. 124). Mais l'inculpé est doublement garanti contre ce

(1) Mangin, *De l'instr. écrite,* I, p. 138.

pouvoir. D'une part, en effet, l'ordonnance du juge qui porte ce refus doit être motivée ; et elle est susceptible d'un recours devant la chambre du conseil (Art. 124, *in fine*). D'autre part, si la confrontation est refusée le juge ne peut, à peine de nullité, faire usage de la déposition, à moins que l'inculpé ne le requière par une déclaration expresse, ou que le témoin ne soit décédé (Art. 125).

Dans tous les cas, avant la clôture de l'instruction, l'inculpé, s'il l'exige, doit être confronté avec ses co-inculpés.

Remarquons que le pouvoir pour le juge de confronter les témoins entre eux est absolument discrétionnaire. La loi ne trace pas de règles à cet égard, et la défense ne peut formuler des réquisitions.

§ 2. — *De la publicité vis-à-vis de l'auditoire.*

Sur ce point, au contraire, de beaucoup le plus délicat, le projet de loi n'a pas admis la publicité ; et nous avons cru, après de longues hésitations, devoir nous séparer de lui.

« En France, dit l'exposé des motifs, ce n'est pas
» sans peine que l'on obtient des témoins à l'au-
» dience la reproduction de leurs dépositions écri-
» tes. Croit-on que les habitants de nos campagnes
» si craintifs quand il s'agit d'accuser un voisin,
» dont ils redoutent la rancune, oseraient parler en
» toute sincérité devant l'inculpé, devant ses pa-

» rents et ses amis, quand ils seraient, en outre,
» exposés à la critique plus ou moins malveillante
» de l'avocat ? »

M. le Procureur général Dauphin (1), adop-
tant ces considérations s'est élevé à son tour contre
» ces examinations publiques, où le témoin, déjà
» suspect à se troubler dans le cabinet du juge sous
» la crainte des représailles, devrait encourir devant
» tous par les premières révélations la responsabi-
» lité de la poursuite. »

En vérité, nous déclarons humblement ne pas
comprendre une pareille raison. Si elle est fondée,
est-ce qu'elle ne pourrait pas s'appliquer également
à la déposition des témoins devant la police correctionnelle ou devant la cour d'assises ? Si l'on doit
craindre que le témoin ne soit troublé pour déposer publiquement devant le juge d'instruction, ne
faut-il pas craindre qu'il le soit pour déposer devant la juridiction qui statue ?

Est-ce que, là aussi, il n'est pas interrogé par le
Président ? Est-ce qu'il n'a pas à répondre aux questions les plus diverses et quelquefois les plus imprévues ? Est-ce qu'il ne subit pas, de la part de l'accusé
ou de son défenseur, un contre-interrogatoire ?

Est-ce qu'il ne se trouve pas en présence d'un
public, très nombreux parfois, et qui écoute avidement ses paroles ?

(1) Discours sur les réformes à introduire dans l'administration de
la justice, prononcé le 3 novembre 1859, à l'audience de rentrée de
la Cour de Paris.

M. le Procureur général, poursuivant ses critiques contre le système de la publicité, s'exprime ainsi : « L'œil vigilant du public est sans doute une
» précieuse garantie ; mais sa parole est indiscrète
» et rapide ; elle devancerait la justice et paralyse-
» rait son action. L'exposé des motifs du projet
de loi dit également : « Ajoutons qu'avec la nature
» de notre esprit, l'instruction ainsi poursuivie
» publiquement aurait le plus souvent pour effet
» de fixer l'opinion dans un sens favorable ou con-
» traire à l'accusé et de dicter à l'avance le juge-
» ment du tribunal ou du jury. »

Ici encore, les craintes nous paraissent chimériques.

Le public, dit-on, ne resterait pas neutro et prendrait immédiatement parti.

Mais n'est-ce pas ce qui arrive le jour du jugement devant le tribunal correctionnel ou la cour d'assises ? L'impression du public ne saurait agir sur l'opinion du magistrat instructeur plus fortement qu'elle n'agit sur la décision de la juridiction qui statue. La seule garantie, c'est l'indépendance, l'impartialité du magistrat, et le sentiment qu'il a de ses devoirs. Cette garantie est suffisante ; et si, par malheur, elle ne l'était pas, aucune précaution ne pourrait la remplacer.

Cette impression du public, sans doute, serait plus ou moins réfléchie, plus ou moins inspirée par la sympathie ou par la haine. Mais elle se fonderait sur les débats d'une audience publique, elle pourrait être éclairée par eux. N'est-ce pas, du moins, une garantie ? Et faut-il préférer ces hypothèses sans fondement, où la curiosité publique, arrêtée par le secret de l'instruction, se déploie comme à plaisir et se donne avidement carrière ; et ces récits imaginaires et parfois dangereux que la presse lui prodigue pour l'amuser et la divertir ?

Ce qu'on attaque involontairement par des arguments de cette nature, ce n'est pas seulement la publicité de l'instruction préparatoire, c'est encore la publicité en général, la publicité de la justice, c'est-à-dire le contrôle incessant, la surveillance à bon droit jalouse de l'opinion publique. Le juge d'instruction, lorsqu'il rend une ordonnance de renvoi ou une ordonnance de non-lieu, fait un acte de juridiction ; il faut, par conséquent, la garantie de la publicité. Celle-ci, bien loin de nuire à la justice, lui serait très utile ; elle la tiendrait en éveil ; elle augmenterait l'autorité morale qui lui est nécessaire.

Quant à l'inculpé, il y gagnerait beaucoup. Il peut arriver qu'après cette période de l'instruction préparatoire, sa culpabilité n'étant pas vraisemblable ou suffisamment établie, il soit renvoyé par une ordonnance de non-lieu. Sans doute son innocence résulte ou paraît résulter de cette ordonnance. Mais n'importe! on sait qu'il a été soupçonné, qu'il a comparu, qu'il a été interrogé. Cela suffit... la malveillance, la médisance, la calomnie, abritées derrière le secret de l'instruction, se donnent un libre cours.

« Un citoyen renvoyé de l'accusation par une ordonnance de non-lieu, a écrit M. Prévost-Paradol, est absous aux yeux de la loi, mais il n'est nullement réhabilité par là aux yeux du public. Nul n'ignore l'accusation flétrissante qui l'a mis en danger, tandis que les causes qui l'ont rendu libre après l'instruction secrète sont couvertes d'un mystère qui autorisera toutes les conjonctures. Est-ce son innocence évidente qui l'a sauvé, ou la difficulté d'établir matériellement certain fait probable ? »

Eh bien ! si l'instruction avait été publique, si les témoins avaient déposé, si l'inculpé avait été interrogé, si la confrontation avait eu lieu au grand jour, l'ordonnance de non-lieu n'aurait-elle pas une plus grande force ?

Mais, diront nos adversaires, sous prétexte de protéger ceux qui sont renvoyés de la poursuite par une ordonnance de non-lieu, n'allez-vous pas, au contraire, les placer dans une situation intolérable ? Peut-être le public, grâce au secret de l'instruction, aurait-il ignoré qu'ils avaient été soupçonnés et poursuivis, tandis que l'instruction publique aura pour effet de le lui apprendre. Mais cet inconvénient ne se présente-t-il pas à l'égard des inculpés qui, traduits devant le tribunal correctionnel ou le jury, sont acquittés par eux après des débats publics, souvent très longs et très retentissants ? Et d'où vient la valeur morale de ces acquittements, sinon de la publicité des débats ?

CHAPITRE VII

DU CHOIX ET DU ROLE DE L'AVOCAT PENDANT L'INSTRUCTION PRÉPARATOIRE

§1. — *Du choix de l'avocat dès le premier moment de l'instruction.*

Nous touchons ici à l'innovation capitale du projet de loi, à celle qui constitue son caractère essentiel et son plus grand mérite.

Les auteurs du projet ont senti combien sont injustes et dangereuses les dispositions de notre code qui placent l'inculpé, durant l'instruction préparatoire, dans un isolement à peu près absolu ; et ils se sont inspirés d'un esprit plus équitable et plus libéral.

Ils n'avaient qu'à suivre d'ailleurs les remarquables exemples de quelques législations étrangères. Nous avons vu que les codes belges, allemands et autrichiens, quoique fondés sur le système inquisitorial, n'ont pas négligé de donner connaissance à l'inculpé des divers incidents de l'instruction poursuivie contre lui, dans les limites et sous les réserves qu'a paru comporter l'intérêt de la poursuite. Ils n'ont pas voulu, comme il arrive dans notre procédure actuelle, placer l'inculpé face à face avec un magistrat qui peut lui laisser ignorer

les charges relevées contre lui et qui est seul juge
de la direction de ses recherches.

D'après la loi belge, l'inculpé est pourvu d'un
conseil qui l'assiste dans les diverses phases de la
procédure, soit immédiatement, soit au plus tard
trois jours après le premier interrogatoire. Dans le
code autrichien l'inculpé communique avec son
défenseur en présence d'un tiers pendant la première partie de l'instruction et librement après la
notification de l'acte d'accusation. Le défenseur
peut prendre à tout moment connaissance des actes
de la procédure, si cette communication est jugée
compatible avec le but de l'instruction. Enfin le
Code allemand place également à côté de l'inculpé,
et quelquefois même d'office, un défenseur à qui
sont communiqués tous les actes de l'instruction.

Les auteurs du projet ont compris, eux aussi, la
nécessité d'organiser la défense dès le début de la
procédure. D'après les articles 127 à 131, dès
qu'une personne est inculpée, elle a le droit de
choisir un défenseur, dont elle déclare le nom soit
au greffier du juge d'instruction, soit au gardien-
chef de la maison d'arrêt.

Si l'inculpé est détenu, il peut, aussitôt qu'il a
comparu pour la première fois devant le juge d'instruction, communiquer avec son conseil.

Le juge toutefois a la faculté, s'il le croit nécessaire, d'interdire cette communication par une ordonnance transcrite sur le registre de la prison.

Mais cette interdiction ne peut s'étendre au delà du dixième jour à partir de la comparution de l'inculpé. Seule la chambre du conseil a le droit, si les nécessités de l'instruction l'exigent, et sur le rapport du juge, de prolonger l'interdiction pendan une nouvelle période de dix jours. Et, comme cette prolongation n'est pas renouvelable, l'interdiction de communiquer avec le défenseur ne passe jamais un maximum de 20 jours à partir de la comparution de l'inculpé. Celui-ci, par conséquent, cesse d'être isolé ; et il trouve auprès de son défenseur l'appui, le secours, l'assistance et les conseils qui sont nécessaires à la préparation de la défense.

Dispositions équitables et prévoyantes, qui méritent d'être approuvées sans réserve.

« C'est sans nul doute dès le début, dit l'exposé
» des motifs, aussitôt que la communication peut
» s'établir sans danger pour la découverte de la vé-
» rité, qu'il faut accorder à l'accusé l'assistance de
» son défenseur. La première condition d'une
» bonne justice, c'est en effet que l'inculpé con-
• naisse ses droits, et pour cela il faut qu'on les lui
» dise, car l'axiome que *nul n'est censé ignorer la*
• *loi,* présomption nécessaire en matière civile, ne
» serait ici qu'une fiction dangereuse. Or, il ne faut
• compter, pour éclairer l'inculpé, ni sur le juge,
» ni sur le ministère public, puisque c'est contre
» leurs erreurs qu'il s'agit de le prémunir. Les
• questions les plus graves et les plus délicates se
» presseront souvent dès le début. Il s'agira d'obte-

» nir la levée du mandat ou la mise en liberté provi-
» soire, de faire recueillir des témoignages ou éta-
» blir des constatations urgentes ; ou bien ce seront
» des exceptions préjudicielles de nature à arrêter
» la poursuite, comme la prescription, l'amnistie,
» le défaut de plainte de la partie lésée dans le
» cas où elle est indispensable, le silence de la
» juridiction civile dans une question d'état. Est-ce
» protéger suffisamment l'inculpé que de lui offrir
» en pareil cas les conseils d'un avocat après que,
» pendant plusieurs semaines, l'instruction aura
» fait fausse route ? »

Le projet se borne à permettre à l'inculpé de choisir un défenseur dès que l'instruction commence. Il faudrait ajouter que, dans le cas où l'inculpé comparaîtra devant le juge d'instruction sans avoir choisi un avocat, le juge devra l'inviter à en choisir un, et même, sur le désir de l'inculpé, lui en désigner un d'office. Ce sont là des détails d'organisation sur lesquels nous ne pouvons guère insister dans une étude aussi rapide. Mais le point essentiel, et la pensée manifeste des auteurs du projet, c'est que le prévenu soit assisté par un défenseur dès le premier moment de la procédure ; et que cette assistance soit aussi réelle et efficace que le permettent les nécessités indéniables de l'instruction.

§ 2. — *Du rôle de l'avocat au cours de l'instruction.*

L'inculpé, disons-nous, a le droit de prendre un défenseur dès le premier acte de l'instruction. Mais sera-t-il, à chacun de ces actes, assisté par son avocat ? Si celui-ci l'assiste, quel sera son rôle ? Quels seront ses droits et ses devoirs ?

Sur ce point, les vues sont divergentes.

Le projet contient deux articles qui méritent une étude spéciale.

Art. 128 : « Postérieurement à cette déclaration
» et sauf le cas d'urgence prévu par les articles 86
» et 119, *chaque fois que l'inculpé doit être inter-*
» *rogé ou confronté, le juge d'instruction est tenu*
» *de convoquer en même temps le conseil, vingt-*
» *quatre heures à l'avance, par lettre chargée ou par*
» *toute autre forme d'avertissement qui sera fixée*
» *par un règlement d'administration publique.* »

Art. 129. « *Le conseil peut entrer dans le cabinet*
» *du juge d'instruction avec l'inculpé, détenu ou*
» *libre, chaque fois que celui-ci y est appelé. Il lui*
» *est interdit de prendre la parole sans l'avoir ob-*
» *tenue du juge d'instruction. — Si le juge lui*
» *refuse la parole, mention de l'incident sera con-*
» *signée au procès-verbal.* »

Dans le discours du 3 novembre 1880, précédemment cité, M. le Procureur général a repoussé cette innovation du projet. « Pour moi, disait-il

» aux avocats, je ne comprends que les rôles bien
» définis, et je ne sais pas si, plus heureux, vous
» pourriez pour cette mission nouvelle déterminer
» l'étendue de vos devoirs et les limites de vos
» droits. L'avocat sera-t-il spectateur et surveillant
» impassible des procédés et de la rédaction du
» juge ? Alors la mesure n'est qu'une injurieuse
» méfiance pour le magistrat, sans grand avantage
» pour la défense. Prendra-t-il part à l'interroga-
» toire ? élèvera-t-il une controverse sur la position
» des questions ? S'associera-t-il aux réponses, ou
» pourra-t-il, suivant un exemple plus hardi que
» légal, étendre la main vers son client et s'écrier :
« Ne répondez pas, je vous le défends ? » S'il en est
» ainsi, voici la lutte engagée entre le juge et ses
» susceptibilités, contre le ministère public et ses
» entraînements, et vous transformez prématuré-
» ment en un combat une recherche qui, dans ses
» premiers pas, ne faisant qu'entrevoir un coupable
» marchait froidement vers une conviction. »

Nous avons voulu reproduire les paroles mêmes
de M. le Procureur général afin de ne pas altérer
le sens ou diminuer la force des critiques. Mais nous
pensons que ces critiques ne sont pas fondées.

M. le Procureur général se préoccupe trop exclusivement de la situation de l'avocat vis-à-vis du
ministère public. Nous examinerons tout à l'heure
ce côté de la question. Pour le moment, constatons
que le projet se propose et doit se proposer avant
tout d'assurer les droits de la défense.

Or, il est incontestable que la présence et l'assistance de l'avocat seraient très utiles et parfois
même nécessaires à l'accusé. Est-on sûr que celui-
ci, comparaissant devant le Juge d'instruction,
pressé par des questions qu'il n'a pas prévues, confronté avec des témoins dont il peut redouter les
dépositions, ne sera pas déconcerté et troublé ?
Est-on sûr qu'il sera capable de se défendre de
discuter d'une manière à la fois calme et complète
les charges élevées contre lui ; de contredire les
témoignages, sinon avec habileté du moins avec
intelligence, de comprendre et de demander aux
magistrats les mesures d'instruction qui seraient
de nature à établir son innocence ?

M. le Procureur général signale en termes ex-
cellents combien est terrible pour l'accusé la prévention qui résulte des premières mesures
d'instruction.

« De trop réelles difficultés, dit-il, ne l'atten-
» dent-elles pas encore dans le prétoire, et n'y
» arrivera-t-il pas poursuivi de trop près par le sou-
» venir de l'instruction écrite, dominant quoi qu'on
» fasse et parfois écrasant le débat ? Défiances
» pour les témoignages nouveaux et non contrôlés,
» impuissance des contre-expertises tardives, in-
» fluence décisive de contradictions dues souvent
» à la crainte d'une réponse compromettante et
» d'aveux nés plus d'une fois de la lassitude, tel est
» malheureusement un côté du tableau que pré.
» sente une audience de cour d'assises, où la

» loyauté et la prudence du président n'ont pas
» toujours réussi à suppléer la partialité du légis-
» lateur. »

Ces considérations sont parfaitement justes.
Mais quelle est la conclusion qui s'en dégage ?
C'est que, plus est considérable et dangereuse l'influence qui s'attache à l'instruction préparatoire,
plus il faut accorder à l'inculpé, durant cette instruction, les garanties et les moyens indispensables
pour faire reconnaître son innocence. Or, nous le
répétons, l'assistance de l'avocat nous paraît être, à
cet égard, indispensable.

C'est avec une profonde raison que l'exposé des
motifs du projet, examinant toutes les mesures
préparatoires que la défense pourra nécessiter,
s'exprime en ces termes. « Mais tous ces éléments
» de défense, l'avocat ne pourra les puiser dans
» l'entretien d'un client souvent inintelligent et il-
» lettré ; c'est au cours même de la procédure
» qu'il pourra s'en rendre compte par les déposi-
» tions des témoins, par la connaissance des ques-
» tions posées à l'inculpé, de ses réponses, des
» incidents survenus lors des confrontations. »

Et quand nous parlons de l'innocence de l'accusé, ce n'est pas que son intérêt seul nous ins-
pire, et que nous soyons animés, suivant les paroles de M. le Procureur général, d'une « *sentimenta-
lité banale* ».

Nous considérons plutôt l'intérêt général, qui
s'attache à une bonne justice. Quand le tribunal

ou le jury sauront que depuis le commencement de
la procédure, l'inculpé a eu les moyens de se défendre, et que pourtant cette instruction s'est terminée par un renvoi devant la juridiction compétente, si la défense n'apporte pas, au jour du jugement, plus de lumières et de preuves, peut-être se
garderont-ils de certaines indécisions regrettables.

Ce que nous voulons, c'est faciliter l'œuvre de la
justice, éviter autant que possible la condamnation
de l'innocent et l'acquittement du coupable, et réduire de plus en plus les erreurs judiciaires, avec
leur caractère immoral et leur effet démoralisateur.
Ce que nous voulons aussi, c'est accélérer l'instruction préparatoire, sans nuire pourtant à la sûreté de ses recherches. Plus on accordera à l'inculpé de droits et de contrôle, plus on lui permettra d'intervenir par lui-même ou par son défenseur,
et plus on rendra rapide l'œuvre de la justice, plus
on réduira la durée et les inconvénients de la détention préventive.

Faut-il donc sacrifier ces principes incontesta-
bles à la crainte plus ou moins fondée d'un désac-
cord entre l'accusation et la défense ? Est-ce que
l'intervention du défenseur dans l'instruction préparatoire n'existe pas en Angleterre ? Pourquoi le
conflit serait-il plus imminent devant les tribunaux
français que devant les tribunaux anglais ? Et n'est-
il pas facile de comprendre que les choses peuvent
se passer le plus simplement du monde. Devant le juge d'instruction comparaîtront les témoins

à charge assignés par l'accusation et les témoins à
décharge cités par la défense. L'inculpé et son défenseur pourront, par l'intermédiaire du juge d'instruction, leur faire subir un interrogatoire et un
contre-interrogatoire. C'est le juge d'instruction
qui dirigera l'audience ; en un mot, les débats res-
sembleront aux débats du tribunal ou de la cour
qui connaît de l'affaire et qui rend la décision ; les
droits de l'avocat seront les mêmes que dans une
audience ordinaire. Où trouverait-on la cause particulière d'un conflit ou d'une défiance entre l'accusation et la défense ? »

Est-ce que l'on aurait encore ces craintes que, au
XVIIe siècle, Pussort exprimait dans un langage
qui n'est plus de notre temps : « Les conseils sont
» féconds en ouverture pour former des conflits de
» juridiction, pour faire trouver des nullités dans
» les procédures et pour faire naître une infinité
» d'incidents ? »

Il serait inutile de répondre à une pareille accusation. La loyauté du barreau est la plus sérieuse garantie. Le président de Lamoignon répon-
dait à Pussort dans de belles paroles: « que, si le
» conseil a sauvé quelques coupables, il pourrait
» arriver aussi que des innocents périraient faute de
» lui ; et qu'il est certain qu'entre tous les maux
» qui peuvent arriver dans la distribution de la jus-
» tice, aucun n'est comparable à celui de faire
» mourir un innocent. Qu'il valait mieux absoudre
» mille coupables ; qu'il fallait considérer aussi que le

» conseil qu'on a accoutumé de donner aux accu-
» sés n'est point un privilège accordé par les ordon-
» nances, mais une liberté acquise par le droit na-
» turel, qui est plus ancien que toutes les lois hu-
» maines. »

Il faut regarder la réforme en face, au point de
vue de son principe et de sa justice, au lieu de recu-
ler devant des craintes qui n'ont pas arrêté les législations modernes qui ont le mieux compris et réalisé sur ce point les droits et la liberté de la défense.

CHAPITRE VIII.

DE L'INTERVENTION DE L'INCULPÉ DANS L'INSTRUCTION PRÉPARATOIRE.

Il ne suffit pas de permettre à l'inculpé de se défendre aussi librement et aussi efficacement que possible contre les charges de l'instruction. Il faut encore, autant que cela ne peut nuire à l'œuvre de la justice, le laisser intervenir dans cette instruction afin qu'il puisse faire éclater son innocence.

L'article 37 du projet de loi déclare « que l'in-» culpé peut requérir le juge d'instruction de pren-» dre toutes les mesures qu'il croit utiles à la dé-» couverte de la vérité ; et, sur son refus, il a le » droit de saisir la chambre du conseil dans les cas » prévus par la loi. »

Les articles 47 à 54, qui traitent du constat et de l'expertise lui reconnaissent une précieuse faculté. » La question des expertises, dit avec raison l'ex-» posé des motifs, est une de celles qui ont donné » lieu aux plus vives réclamations. Quelles que soient » la science et la perspicacité des hommes auxquels » cette opération est confiée, il est toujours à » craindre qu'entraînés dans une certaine voie, » dirigés par une idée fixe ou dominés par un sys-» tème scientifique exclusif, ils ne négligent quel-

» ques-uns des éléments qui doivent les conduire à
» la vérité. Or, dans le système actuel, l'erreur une
» fois commise est presque toujours irréparable.
» C'est longtemps après l'expertise que le rapport
» est connu et peut être discuté. Les objets exper-
» tisés ont disparu ou se sont altérés. »

« Les moyens de contrôle n'existent plus. Nulle
» mesure ne doit être cependant entourée de plus
» de précautions, car elle forme souvent, et dans
» les crimes les plus graves, la base même de l'ac-
» cusation. »

D'après le projet de loi, c'est le juge d'instruction qui commet un ou plusieurs experts, et qui
conserve le droit de leur en adjoindre d'autres au
cours de l'expertise.

Quant à l'inculpé, s'il est présent à l'information
il a le droit de désigner lui-même un expert qui
assistera à toutes les opérations, signalera à ses col-
lègues les omissions ou les erreurs qu'ils pourraient
commettre, les requerra de procéder aux constatations qu'il jugera nécessaires et consignera ses observations à la suite du rapport. Si, au contraire,
l'inculpé fait défaut au moment où l'expertise est
ordonnée, il pourra, après sa représentation, prendre communication du rapport et désigner un expert
pour examiner le travail et présenter ses observations en temps utile.

D'une manière générale, l'inculpé a le droit de demander toutes les mesures qui peuvent être utiles à
la découverte de la vérité ; et pour que ce droit ne

soit pas illusoire, pour qu'il soit exercé en connaissance de cause, l'article 133 déclare que « le con-
» seil de l'inculpé peut prendre communication de
» la procédure si le juge d'instruction estime que
» cette communication est compatible avec les né-
» cessités de l'instruction. En tout cas, il doit lui
» être immédiatement donné communication, s'il
» le réclame, de toute ordonnance du juge suscep-
» tible de recours. »

CHAPITRE IX

DES VOIES DE RECOURS ACCORDÉES A L'INCULPÉ ET PARTICULIÈREMENT DE LA CHAMBRE DU CONSEIL.

L'inculpé peut agir par voie de recours soit contre l'ordonnance du juge d'instruction qui le renvoie devant le tribunal correctionnel, soit contre l'arrêt de la chambre des mises en accusation qui le défère à la cour d'assises.

Dans le premier cas, le projet de loi vient combler une lacune très fâcheuse que nous avons signalée dans le droit actuel. L'exposé des motifs nous apprend que, dans le sein de la commission, une dissidence s'est élevée. Quelques membres ont pensé que la voie de l'appel ne devait pas être ouverte à l'inculpé ; et ils alléguaient, pour soutenir cette opinion, la latitude dont il jouit à l'audience dans ses moyens de défense, et le peu d'intérêt que présenterait une défense anticipée.

Mais les partisans de la réforme faisaient valoir avec une grande raison « qu'il y a toujours un inté-
» rêt majeur pour l'inculpé à éviter la flétrissure
» qu'entraîne la comparution sur les bancs de la
» police correctionnelle ou de la cour d'assises ;
» que, d'ailleurs, le tribunal même peut se tromper
» sur l'appréciation des questions de droit que sou-

» lève la poursuite, et qu'il est plus rassurant pour
» le prévenu, de les faire vider par les magistrats de
» la cour, avant d'encourir une condamnation dont
» il ne sera que tardivement déchargé. Il y a donc
» lieu d'ouvrir contre l'ordonnance de renvoi en
» police correctionnelle une voie de recours simi-
» laire à celle qui est ouverte contre l'arrêt de ren-
» voi aux assises, au moyen du pourvoi en cassa-
» tion. »

Toutefois, cette controverse parmi les membres
de la commission eut pour résultat de ne pas faire
accepter d'une manière absolue et dans tous les cas
le recours ouvert à l'inculpé contre l'ordonnance de
renvoi devant la police correctionnelle.

On pensa très justement qu'il était dangereux de
lui laisser le droit d'appeler par des motifs de fait.
On aurait abouti à porter ainsi devant la juridiction
choisie pour connaître de cet appel un débat contra-
dictoire sur le fond même de l'affaire, débat qui doit
être réservé au tribunal qui statue par une condamnation ou par un acquittement. Cette juridiction
d'appel aurait été encombrée de recours dilatoires,
ce qui aurait eu l'inconvénient de prolonger l'instruction.

On a donc décidé que le prévenu ne pourrait pas
se pourvoir contre l'ordonnance de renvoi pour
fausse appréciation des charges. L'article 152, § 3
limite les cas de recours : « L'inculpé peut interjeter
» appel des ordonnances prévues par l'article 539
» ancien (relatif au règlement de juges) et dans les

« suivants : 1° pour cause d'incompétence ; 2° si le
» fait n'est pas prévu et puni par la loi ; 3° si l'action
» publique est éteinte ; 4° si une nullité a été com-
» mise au cours de l'instruction. »

Nous avons signalé l'action prépondérante qui
est donnée au procureur général dans le débat où
la chambre des mises en accusation, connaissant
de la procédure à la suite d'une ordonnance émanée du juge d'instruction et qualifiant crime le fait
relevé, recherche s'il y a lieu de déférer ou non l'inculpé à la cour d'assises.

Le projet de loi apporte une importante modification. Il décide que l'inculpé comparaîtra devant la
Chambre d'accusation, et qu'il sera assisté de son
défenseur. Celui-ci aura le droit de plaider ; il aura
même la parole en dernier lieu ; il pourra faire ressortir les vices de la procédure, contester la valeur
probante des indices recueillis et discuter la qualification légale des faits et la compétence de la juridiction de renvoi.

On ne s'est pas contenté de rendre l'assistance du
défenseur facultative comme au cours de l'instruction préparatoire ; on l'a rendue obligatoire, substan-
tielle, comme devant la cour d'assises. Aux termes
de l'article 151, le juge d'instruction, qui renvoie
l'inculpé devant la chambre d'accusation, doit lui
demander le nom de son défenseur et inscrire ce
nom dans l'ordonnance ; si aucun défenseur n'a été
choisi, le président de la chambre d'accusation en
désigne un d'office au moment où il commet le

conseiller rapporteur. Cette désignation est faite à peine de nullité de la procédure (Art. 190) ; la nullité ne serait pas couverte par l'intervention tardive d'un avocat. Et pour que celui-ci puisse préparer la défense avec tout le soin désirable, le Procureur général n'a plus la faculté, que lui reconnait la jurisprudence, de faire un rapport oral ; il est tenu de déposer des réquisitions écrites et motivées (Art. 188 et 192.)

§ 1. — *De la chambre du conseil.*

Nous avons souvent parlé de la chambre du conseil réglementée par le projet de loi.

Cette juridiction n'est pas nouvelle dans notre droit pénal. C'est à elle, et non pas au juge d'instruction que les rédacteurs du Code de 1808 avaient accordé le droit de rendre l'ordonnance de renvoi ou de non-lieu (Anciens articles 128 et 134).

Ils avaient pensé qu'il était peut-être dangereux de laisser à un magistrat unique le pouvoir et la responsabilité d'une aussi grave décision.

Dans certains cas, l'opinion publique se passionne pour ou contre l'inculpé. N'y a-t-il pas à craindre qu'elle agisse fortement sur l'esprit du juge d'instruction, et qu'elle l'entraîne, malgré lui, à une indulgence ou à une sévérité excessive ou injuste ?

Le législateur avait donc espéré que la chambre du conseil, composée de plusieurs magistrats, serait plus capable de résister à cette influence et à cet entraînement.

Mais son espoir fut trompé : le fonctionnement de la chambre du conseil, loin de produire les services désirés, présenta des inconvénients imprévus.

Restés étrangers à l'instruction, sans opinion personnelle sur l'innocence ou la culpabilité du prévenu, les magistrats de la chambre du conseil s'en rapportaient presque toujours à l'avis du juge d'instruction. D'ailleurs, alors même qu'ils auraient cherché à apprécier cet avis en examinant de près la procédure, ce contrôle aurait été le plus souvent illusoire, parce qu'il était tardif, parce que le temps était passé de provoquer des mesures d'instruction utiles et opportunes.

L'intervention de la chambre du conseil ne constituait, par conséquent, qu'une vaine formalité, entraînait un retard sans amener de résultat sérieux, sans donner à l'inculpé une garantie réelle et efficace.

Aussi fut-elle critiquée d'abord, et supprimée ensuite par la loi du 17 juillet 1856.

Avec le projet actuel elle revit, mais avec un caractère, un rôle et un pouvoir absolument différents de ceux que le code de 1808 lui avait donnés.

Dès l'instant où les auteurs du projet, entrant dans une voie libérale et réformatrice, amélioraient la situation de l'inculpé, où ils augmentaient ses droits et ses garanties, où ils limitaient le pouvoir

du juge d'instruction par des règles justes et précises, ils étaient nécessairement conduits, prévoyant
les conflits possibles entre l'accusation et la défense,
à instituer une juridiction assez impartiale et assez
éclairée pour trancher équitablement ces conflits.

C'est à la chambre du conseil que cette mission
est confiée.

Les articles 136 à 141 lui accordent un assez
grand nombre d'attributions.

Pour nous restreindre à celles qui concernent
notre étude, la chambre du conseil peut intervenir,
tantôt comme juridiction de premier et dernier
ressort, tantôt comme juridiction contentieuse et
d'appel.

Dans les premiers cas rentrent les demandes
tendant à prolonger la durée de 30 jours pour le
mandat d'arrêt (Art. 99) ou la durée de 10 jours
pour l'interdiction de communiquer avec le défenseur (Art. 131) ; les demandes de mise en liberté provisoire sous caution (Art. 107), et les
incidents relatifs au cautionnement (Art. 117).

Mais la chambre du conseil n'exerce pas seulement une compétence propre ; elle statue également
ment sur le recours de l'inculpé contre l'odonnance
qui porte interdiction de communiquer (Art. 104),
ou qui refuse sa confrontation avec le témoin
(Art. 124).

La chambre du conseil est composée de trois
juges ; le juge qui a instruit l'affaire ne peut
jamais prendre part à la délibération.

Toute ordonnance susceptible de recours est communiquée au ministère public ; lecture en est faite immédiatement à l'inculpé et à la partie civile. Si l'un ou l'autre est absent, notification leur est donnée, dans les 24 heures au plus tard, à leur domicile élu. Ils jouissent, pour former opposition, d'un délai de 24 heures.

L'opposition formée contre une ordonnance du juge d'instruction doit être portée, dans les 48 heures au plus tard, devant la chambre du conseil. L'audience de la chambre du conseil n'est pas publique ; l'inculpé, la partie civile et leurs avocats, convoqués par le greffier, ont seuls le droit d'y assister.

Le juge d'instruction présente, lorsqu'il y a lieu, un rapport sommaire. Le jugement est rendu sur le champ et après débat ; toutefois, en cas de nécessité absolue, la chambre du conseil peut ajourner sa décision au lendemain.

Le jugement de la chambre du conseil n'est susceptible d'appel que dans les cas où il concerne la liberté provisoire ; mais il n'est jamais susceptible de recours de cassation.

Nous tenions à décrire l'organisation de la chambre du conseil, non pas pour présenter une étude complète et détaillée des dispositions du projet de loi, mais pour bien indiquer le caractère et le sens de l'innovation.

Cette chambre n'est plus, on le comprend, une institution inutile ; elle n'exerce plus ce pouvoir tardif et illusoire de rendre l'ordonnance de renvoi ou de non-lieu. Mais elle exerce, au cours de l'instruction, et sur les actes du juge, une surveillance et un contrôle efficace.

Elle peut, en ordonnant des mesures refusées, en annulant des mesures ordonnées, changer la direction de l'instruction préparatoire, et porter secours, suivant les cas, à l'accusation ou à la défense. Elle fait partie de cet ensemble de garanties nécessaires à l'inculpé, méconnues par le législateur de 1803, réclamées depuis ce jour, et accordées enfin par un projet qui mérite d'être discuté sans retard, et accueilli sans hésitation.

CONCLUSION

Ainsi, nous retrouvons, à la fin de cette étude, la pensée qui nous animait dès les premières lignes et qui nous a sans cesse dirigé.

Nous avons essayé de préciser, d'une manière aussi concise et aussi complète que possible, la situation de l'inculpé dans notre droit actuel; et, par l'examen critique de ces dispositions, nous avons démontré la nécessité de nombreuses réformes. Nous avons cherché à les passer en revue, à montrer les bienfaits qu'elles comportent, à les éclairer par l'étude des législations étrangères.

Nous souhaitons en terminant que ces réformes soient promptement accomplies. Cette question touche à tant d'intérêts et de principes, que nous n'espérons pas l'avoir épuisée.

Heureux si nous en avions entrevu les aspects divers et les côtés intéressants ; et si la conviction profonde que nous avons apportée dans ce travail pouvait nous faire pardonner les imperfections qui l'accompagnent !

La réforme est nécessaire, elle est urgente, elle est réclamée de toutes parts. Que notre législateur se hâte et qu'il ne se laisse pas devancer par les législations étrangères, ni arrêter par le respect de la tradition.

« La législation n'invente pas, dit M. Faustin-Hé-
» lie. Elle recueille ce que lui lèguent les siècles.
» Le code que nous avons entrepris d'expliquer n'est
» assurément pas une œuvre parfaite... Mais, con
» sidéré dans l'ensemble de ses formes, il nous
» paraît la loi de procédure criminelle la moins
» imparfaite chez les peuples modernes.

» Elle a suffi, depuis plus de trente années, à
» l'expédition des affaires criminelles. Nulle voix
» sérieuse ne s'est élevée pour accuser sa théorie
» générale et les formes principales de la théorie
» qu'il a consacrée. »

Nous avons eu le regret de trouver ces lignes
dans l'ouvrage du savant auteur qui, bien souvent,
nous a servi de guide.

Une législation n'est pas immuable, faite pour
répondre aux idées et aux besoins d'un pays, elle
doit, pour remplir cette mission, se modifier et
s'améliorer à mesure que les besoins se modifient
et que les idées s'améliorent.

Le projet de loi actuellement soumis aux Chambres n'est pas parfait, sans doute ; et il ne sortira
pas de la discussion sans être amendé.

Les uns trouveront que les auteurs n'ont pas
suffisamment marché dans la voie des réformes ;
les autres, au contraire, qu'ils ont trop sacrifié aux
principes, et qu'ils ont adopté certaines dispositions impraticables ou compromettantes pour les
intérêts de l'accusation et de la société.

Peut-être ces deux critiques, quoique opposée-

l'une à l'autre, sont-elles vraies en même temps ;
peut-être le projet est-il, suivant les cas, trop hardi
ou trop timide.

. Mais ce qu'il importe de conserver et même d'ac-
centuer, c'est son esprit réformateur, son principe
libéral.

C'est par là qu'il se distingue et s'impose ; c'est
par là qu'il constitue une œuvre à la fois équitable
et puissante, et qu'il répond à la pensée qu'exprimait Montesquieu en portant dans ces lignes le
problème d'une bonne législation sur la procédure
pénale :

« Si vous examinez les formalités de la justice
» par rapport à la peine qu'a un citoyen à se faire
» rendre son bien ou à obtenir satisfaction de
» quelque outrage, vous en trouverez beaucoup
» trop ; — si vous les regardez dans le rapport
» qu'elles ont avec la liberté et la sûreté des ci-
» toyens, vous en trouverez souvent trop peu, et
» vous verrez que les peines, les dépenses, les
» longueurs, les dangers même de la justice sont
» le prix que chaque citoyen donne pour sa li-
» berté » (1).

(1) Esprit des Lois, livre 6, chap. 2.

POSITIONS

DROIT ROMAIN.

I. — Même sous Justinien, l'usufruit ne peut pas être constitué par pactes et stipulations.

II. — Le créancier qui a reçu en paiement une chose dont il n'a pas été rendu propriétaire possède deux actions qu'il peut cumuler jusqu'à concurrence de la plus forte des condamnations à obtenir : 1° l'action née de la créance primitive ; 2° l'action *utilis ex empto*.

III. — Les actions *redhibitoria* et *quanto minoris* n'appartiennent pas au créancier qui a reçu en paiement une chose affectée de vices cachés.

IV. — L'appel n'existait pas contre les sentences du roi.

V. — Les comices-centuries et les comices-tribus purent juger directement et en premier lieu.

VI. — Le *judex quæstionis* était un simple délégué du préteur.

VII. — L'*altercatio* avait lieu après les plaidoiries et avant l'audition des témoins.

DROIT CIVIL.

I. — La séparation de biens résultant de la séparation de corps ne remonte pas au jour de la demande.

II. — Les héritiers du donateur ne peuvent pas opposer le défaut de transcription.

III. — L'article 1094 c. civ., qui règle la quotité disponible entre époux ayant des enfants nés d'un précédent mariage, n'est pas toujours extensif de la quotité disponible ordinaire.

IV. — Les articles 826 et 832 s'appliquent au partage d'ascendants.

V. — La rescision pour cause de lésion de plus des 7/12 n'est pas admissible dans la dation en paiement

VI. — La dation en paiement tombe sous le coup de l'action paulienne, conformément au droit commun.

VII. — Le créancier qui a reçu en paiement une chose dont le débiteur n'était pas propriétaire, peut cumuler l'action originaire et l'action en garantie.

VIII. — La vente de la chose d'autrui n'est ni absolument nulle, ni annulable pour cause d'erreur sur la substance, mais simplement résoluble en vertu de l'art. 1184.

DROIT CRIMINEL.

I. — Le réquisitoire du ministère public n'oblige pas le juge d'instruction à décerner un mandat de dépôt ou d'arrêt.

II. — L'article 112 du Code d'instruction criminelle n'est pas la seule sanction en cas d'inobservation des formalités prescrites pour les mandats de comparution, d'amener, de dépôt et d'arrêt. Certaines formalités sont prescrites à peine de nullité.

III. — Le mandat de comparution peut être délégué.

IV. — Le préfet peut décerner un mandat d'amener en dehors du cas de flagrant délit.

V. — L'article 100 du Code d'instruction criminelle n'établit pas un droit pour le prévenu ; c'est une faculté qu'il donne au procureur de la république.

VI. — Le procureur de la république a le droit de faire opposition à l'ordonnance portant refus de décerner un mandat d'arrêt.

VII. — La cour d'assises ne peut pas accorder la mise en liberté provisoire de l'accusé en cas de renvoi à une autre session.

VIII. La question de savoir si les faits matériels, constatés par une chambre de mises en accusation, présentent les circonstances légales de la tentative, est une question de droit qui tombe sous le contrôle de la Cour de cassation.

IX. — La mort du mari qui a déposé une plainte en adultère éteint l'action publique contre la femme et son complice.

X. — Les qualités personnelles de l'auteur principal qui influent sur la criminalité nuisent ou profitent au complice.

DROIT INTERNATIONAL ET INDUSTRIEL.

L'étranger dont la marque de fabrique a été usurpée en France peut entreprendre l'exercice exclusif en vertu du traité, postérieur à l'usurpation, qui établit entre son pays et le nôtre une protection réciproque.

DROIT PUBLIC.

I. — Aux termes de la Constitution de 1875, l'Assemblée nationale peut réviser les lois constitutionnelles, même sur des points étrangers aux délibérations respectives des deux chambres qui ont voté la réunion du congrès.

II. — Le président de la République ne peut pas dissoudre, avec l'assentiment du Sénat, la Chambre des députés et par suite l'Assemblée nationale, alors même que celle-ci voudrait réviser la constitution sur des points qui ne conviendraient pas à la majorité des membres du Sénat.

Vu le président de la thèse
   ALBERT DESJARDINS.

Vu par le doyen
   CH. BEUDANT.

Vu et permis d'imprimer :
   Le vice recteur de l'Académie de Paris
      GRÉARD.

TABLE DES MATIÈRES

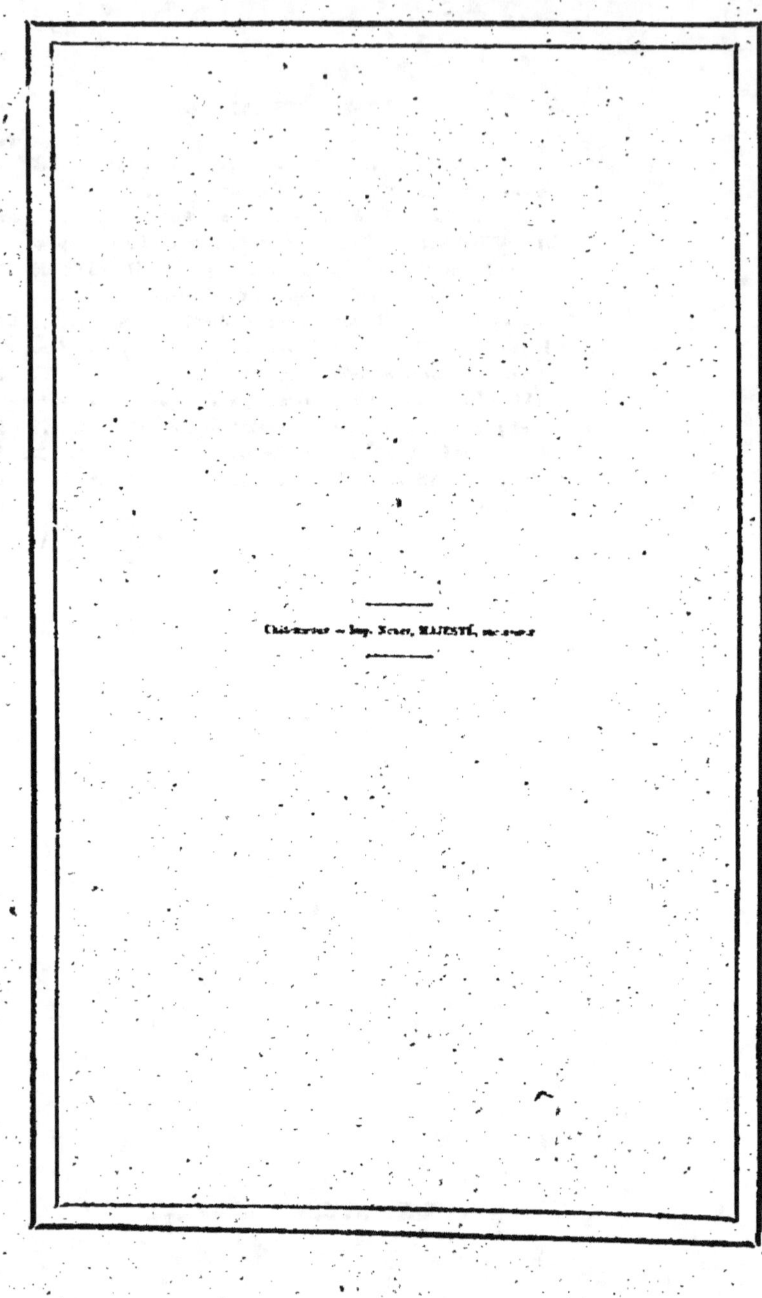

Châteauroux. — Imp. ..., MAJESTÉ, rue ....